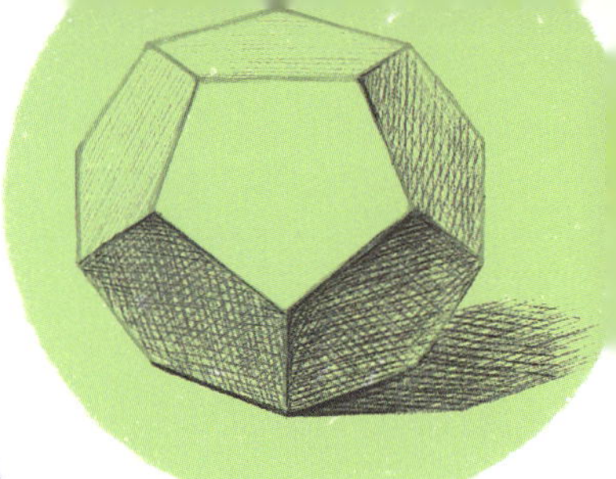

김충원 지음

서울대학교 미술대학과 대학원에서 시각 디자인을 전공했으며, 명지전문대학 커뮤니케이션 디자인과 교수로 재직하였다. 일찍이 방송과 출판 등을 통해 국민 미술 선생님으로 불리며 250여 권의 각종 미술 전문 서적과 창의력 개발 교재를 발표하였다. 90년대 초, 〈김충원 미술교실〉 시리즈를 필두로 어린이 미술 교육에 새로운 변화의 바람을 불러일으켰으며, 2007년부터 발간된 〈스케치 쉽게 하기〉, 〈이지 드로잉 노트〉 시리즈는 취미 미술 교양서의 고전이 되었다. 최근에는 〈5분 스케치〉, 〈5분 컬러링북〉 시리즈를 통해 누구나 쉽게 미술을 즐길 수 있는 콘텐츠를 선보이고 있다. 다섯 번의 개인전을 연 드로잉 아티스트이자 전 방위 디자이너로서 늘 새로운 콘텐츠 개발에 열정을 쏟고 있으며, 전국의 미술 선생님과 초등학교 선생님 그리고 부모님을 대상으로 미술 교육에 관한 강연과 집필에도 많은 시간을 보내고 있다.

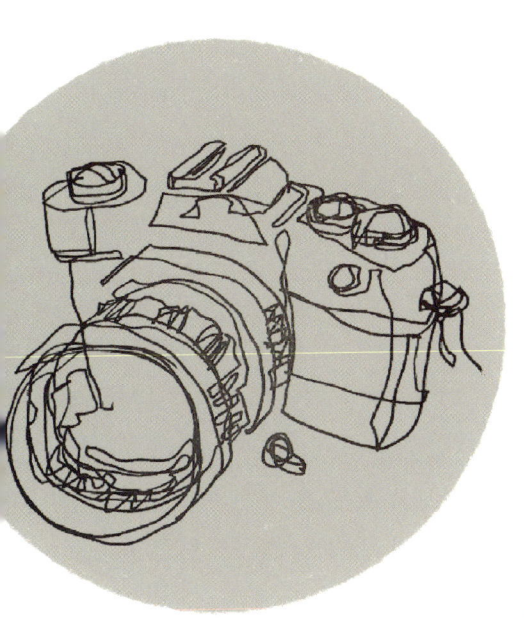

Contents

Chapter 1　**스케치의 기초** ···· 7

Chapter 2　**형태 스케치** ···· 35

Chapter 3　**명암 스케치** ···· 63

시작하기 전에

그림 그리기는 말하기와 같습니다. 말을 잘 하려면 듣는 사람이 잘 알아들을 수 있도록 적절하고 다양한 단어를 선택할 줄 알아야 합니다. 내가 그린 그림이 무슨 그림인지 누구나 쉽게 이해하고 더 나아가 재미를 느낄 수 있다면 그 그림은 분명 좋은 그림입니다.

이 책은 여러분이 더욱 쉽고 재미있게 좋은 그림을 그릴 수 있는 방법을 알려드립니다. 저를 따라 그림 그리기 놀이를 하다 보면 이 세상에서 가장 재미있는 공부는 그림 공부라는 것을 깨닫게 됩니다. 그때부터 그리기는 늘 여러분과 함께 하는 평생 친구가 되고 미술에 소질을 타고난 사람으로 조금씩 변화하게 됩니다. 그림을 사진처럼 똑같이 잘 그리기는 무척 어렵지만 재미있게 잘 그리기는 아주 쉽습니다. 이 책 속의 까다로워 보이는 그림도 똑같이 그리기 위해 노력하기보다는 여러분만의 그림으로 바꿔서 재미있게 그리면 얼마든지 쉽게 그릴 수 있습니다. 또한 이 책에 소개된 보기 그림은 여러분의 이야기를 더욱 멋지게 펼치기 위한 재료들입니다. 이 그림 조각을 퍼즐처럼 연결하고 적절히 배치하여 그림을 완성하는 것은 여러분의 몫입니다.

색깔에 대한 감각을 키우는 것도 무척 중요합니다. 색깔의 선택은 우리의 예술 지능과 깊은 관련이 있습니다. 예술 지능이 높을수록 적절하고 다양한 색깔을 선택하게 되며 여러 색깔을 경험해 보는 것만으로도 예술적 감각이 길러집니다. 한두 번 그려 보면 머리가 기억하고 열 번, 스무 번을 반복해 그리면 손이 기억합니다. 그림을 잘 그리는 친구의 비밀은 손이 그리는 법을 기억하도록 반복적으로 연습하여 언제 어디서나 쓱쓱 그릴 수 있게 된 결과일 따름입니다. 여러분도 열심히 노력해서 미술에서만큼은 내가 표현하고 싶은 이야기를 마음껏 그려 낼 수 있는 창조적인 그림 이야기꾼이 되기를 응원합니다.

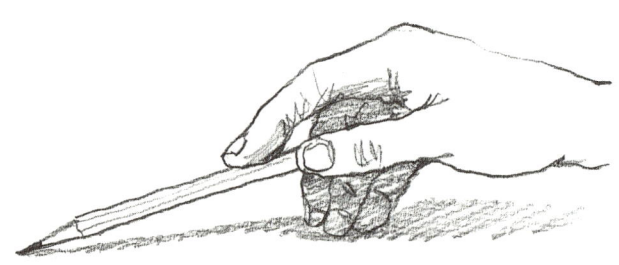

스케치에 대하여

스케치란 우리가 손을 사용해 표현하는 모든 그림 가운데 가장 기본적인 형식이며, 스케치를 배우는 것은 모든 그림의 기초를 익히는 일입니다. 천부적인 소질을 타고났다고 해도 스케치를 익히지 않으면 좋은 그림을 그리기 힘들고, 타고난 소질이 없어도 스케치를 공부하면 예술적 재능을 키우고 그림 그리기에 자신감을 가질 수 있습니다.

스케치의 의미를 세 가지로 구분하면 첫째는 채색을 위한 밑그림이고, 둘째는 낙서와 같이 가볍고 단순한 드로잉이며, 셋째는 머릿속에 떠오르는 아이디어를 붙잡거나, 어떤 생각을 시각적으로 구체화하기 위해 그리는 그림입니다. 의미는 조금씩 다르지만 모든 스케치는 창작이나 창의력과 깊은 관련이 있습니다. 우리가 아는 모든 걸작과 아름다운 건축물, 그리고 생활 속에서 사용하는 모든 물건은 모두 스케치 과정을 통해 만들어진 결과물입니다. 스케치를 할 줄 안다는 것은 머릿속의 다양한 이미지를 하나의 그림으로 정리하는 방법을 아는 것이고, 눈에 보이는 대상을 자신만의 방식으로 표현하는 기술을 지녔다는 뜻입니다. 나아가 내 생각과 감정 등을 다른 사람에게 효과적으로 혹은 아름답게 전달하는 능력을 갖고 있다는 의미입니다. 어렸을 때부터 스케치를 익히고 스케치가 습관이 되면 세상을 보는 시각이 넓어지고, 남들과 다른 방식으로 생각하는 능력이 발달합니다. 더불어 그림 그리는 사람으로 더욱 풍부하고 여유로운 삶을 영위할 수 있는 문화적 자산을 갖게 됩니다. 좀 더 나은 부모가 되기 위해, 좀 더 가치 있는 삶을 살기 위해 혹은 어릴 적 꿈을 이루기 위해 미술 공부를 시작하는 당신에게 이 책이 좋은 길라잡이가 되기를 기대합니다.

30여 년 전 출간된 국내 최초의 종합 미술 교육 콘텐츠 〈김충원 미술 교실〉 시리즈는 지금까지 아이에게 그림을 직접 가르치고 싶은 부모와 선생님, 그리고 독학으로 미술을 배우는 어른에게 가장 친숙한 교재로써 꾸준한 사랑을 받아 왔습니다. 이 책은 그 책들의 내용을 토대로 그동안 교육 현장에서 사용했던 자료에 새로운 내용을 더하고 대상의 폭을 넓혀 어른과 아이가 함께 하는 쉽고 재미있는 미술 놀이와 교육이 이루어질 수 있도록 새롭게 만든 책입니다.

Chapter 1
스케치의 기초

미술의 기초는 스케치이고 스케치의 기초는 '선긋기'입니다.
우리에게 가장 익숙한 선긋기는 글씨 쓰기일 것입니다.
글씨를 또박또박 천천히 쓰는 사람은 반듯한 선으로 스케치하기 쉽고,
구불거리는 선으로 재빨리 쓰는 사람은 스케치 선 또한 비슷하게
나타납니다. 지금부터 그림을 그리기 위한 선긋기 연습을 시작합니다.
글씨를 쓸 때는 손끝의 소근육만으로 충분하지만
그림을 그릴 때는 더욱 미세한 근육과 관절의 도움이 필요합니다.
오랜 시간 동안 수련해야 조금씩 자신이 원하는 선긋기를 할 수 있는
손이 만들어집니다. 처음 글씨 쓰기를 배우는 마음가짐으로
연습장을 준비하여 기초적인 스케치 연습을 시작해 보세요.

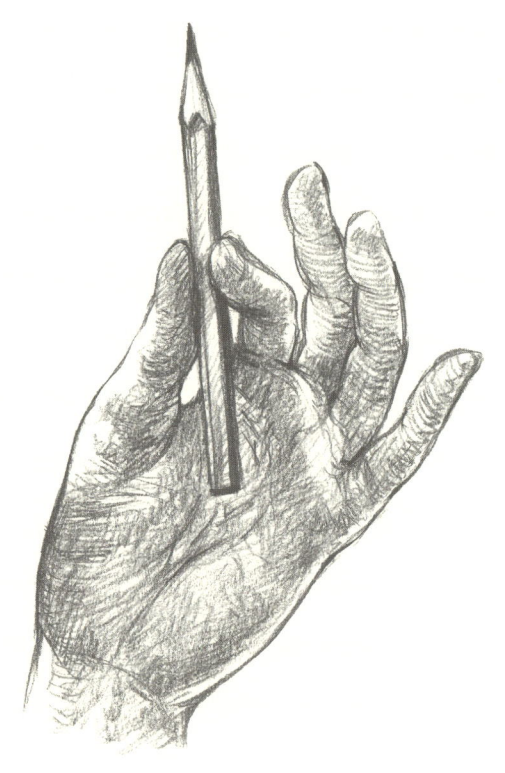

스케치 도구는 연필과 펜으로 구분할 수 있습니다.
밑그림 스케치에 주로 사용하는 연필은 지우개로 지울 수 있고,
선의 강약을 조절해 그러데이션을 자연스럽게 표현할 수 있으며
어렸을 때부터 사용한 친숙한 화구이기 때문에 심리적으로도
편안한 도구입니다. 윤곽선을 강조하는 스케치는 연필보다 펜을
사용하면 더욱 깔끔해 보이고, 톤이 선명해서 세련된 일러스트 느낌을
줍니다. 이 책은 주로 연필 스케치 위주로 설명하고 있지만,
연필로 밑그림을 그리고 펜을 사용해 마무리한 후 연필 선을
지우면 정갈한 드로잉을 할 수 있습니다. 사용하는 펜의 특성에 따라
느낌이 달라지므로 다양한 재료와 도구를 경험해 보기 바랍니다.
그림을 그리는 사람은 결코 재료에 인색해서는 안 됩니다.

준비물에 대하여

스케치의 가장 중요한 도구인 연필에 대해 알아보겠습니다. 연필은 심의 특성에 따라 H와 B로 구분하며, 연필 끝부분에 표시되어 있습니다. H는 Hard의 약자로 심의 단단한 정도를 의미하며, 숫자가 커질수록 심이 단단하고 흐려집니다. 스케치용으로는 H나 2H를 주로 사용하고, 수채화나 색연필 채색을 위해 밑그림을 그릴 때나 강약 조절이 익숙하지 않은 초보자들이 흐린 선을 그릴 때 사용합니다. B는 Black의 약자로 심의 진한 정도를 나타내며, 숫자가 커질수록 진한 검은색에 가까워집니다. 색깔이 진할수록 심이 무르고 부러지기 쉬우므로 심의 굵기가 굵어집니다. 미술용 연필로 알려진 4B나 6B 연필은 크기가 큰 종이에 그릴 때 유리하며 A4 크기의 종이에는 2B 연필 정도가 적당합니다.

이 책으로 스케치를 연습할 때는 가장 일반적인 HB 흑연 연필로도 충분하지만 밑그림용으로 2H 연필 한 자루, 그리고 진한 명암 표현용으로 B나 2B 연필도 한 자루 준비해서 사용하는 것도 좋습니다. 샤프펜슬은 아주 가는 선 그림이나 밑그림용으로 사용합니다. 샤프펜슬 역시 심의 경도와 굵기에 따라 종류가 다양하며 미술용으로는 0.9mm 심을 많이 사용합니다.

저는 검은색 유성 색연필을 많이 사용하는데 지우개로 잘 지워지지 않지만 일반 연필보다 훨씬 진한 발색과 부드러운 강약 조절, 가루가 덜 묻어나는 장점 때문에 주로 사용하고 있습니다.

펜 스케치를 할 때는 일러스트 느낌의 깔끔하고 일정한 선을 내는 라이너 펜 종류나 피그마 마이크론 제품이 좋고, 선의 강약을 표현하고 싶을 때는 만년필이나 아트 펜 종류가 적당합니다.

스케치 연습용으로 많은 양의 종이가 필요합니다. A4 크기의 복사지 500매 묶음을 구입하면 하루에 10장씩, 약 두 달 정도 사용할 수 있으니 1년 동안 사용할 6묶음을 미리 준비해도 좋습니다. 스케치의 수준은 사용한 종이의 양과 정확하게 비례하는 만큼 아낌없이 사용하기 바랍니다. 연습한 종이는 모아 두지 말고 그때그때 쓰레기통에 버려야 마음을 비우고 연습에 몰두할 수 있습니다.

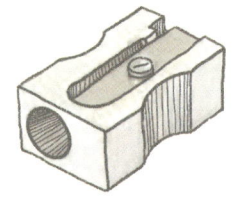

연필깎이는 양질의 제품을 사용하세요. 저가 제품은 날이 쉽게 무뎌지고 연필심을 부러뜨리기 일쑤입니다. 전동식 연필깎이나 커터를 이용해도 좋습니다.

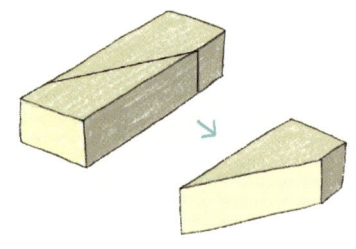

지우개는 미술용으로 나온 말랑말랑한 제품이어야 합니다. 왼쪽 그림에서처럼 커터를 이용해 대각선 방향으로 잘라 사용하면 편리합니다. 떡 지우개는 꾹꾹 눌러서 연필 자국을 지울 때 사용하는 미술용 지우개로, 주로 큰 그림을 지울 때 사용합니다.

탁상용 이젤이 있으면 아주 편리합니다. 이젤을 대신하여 화판을 사용해도 좋습니다. 화판 아래에 책을 괴고 비스듬하게 눕혀서 사용합니다. 그 밖에도 문지르기를 할 때 사용하는 찰필(종이를 말아서 연필 모양으로 만든 화구)이나 몽당연필을 끼워 쓰는 홀더, 태블릿 등도 있으면 편리하게 사용할 수 있습니다.

연필 잡는 법

연필은 언제나 부드럽게 잡아서, 오랫동안 그림을 그려도 손에 피로가 느껴지지 않아야 합니다. 연필을 잡는 방법은 그림의 크기나 종이의 각도, 선의 형태에 따라 달라지지만 늘 일관되고 깔끔하게 선을 그을 수 있도록 훈련해야 합니다.

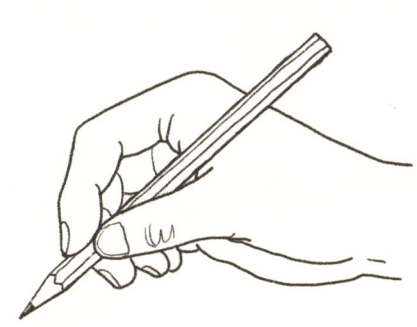

가장 일반적인 방법입니다. 글씨를 쓸 때 연필 잡는 방식은 사람마다 다르지만, 그림을 그리기 위해서는 보기와 같은 자세로 연필을 잡아야 움직임이 편하고 피곤하지 않습니다.

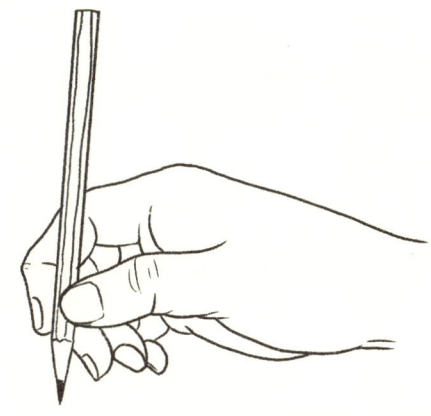

연필을 세워 짧게 잡는 방법입니다. 날카로운 선으로 세밀한 부분을 묘사할 때나 진한 스트로크가 필요할 때 편리합니다.

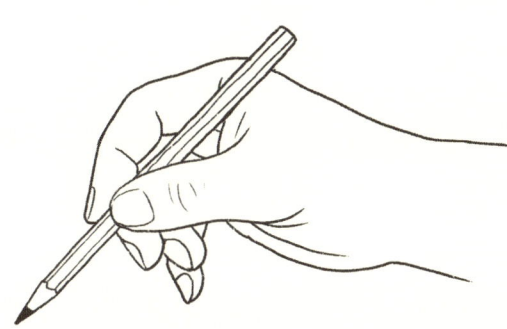

연필 앞쪽을 길게 잡으면 손가락의 작은 움직임만으로도 선을 길고 부드럽게 그을 수 있습니다.

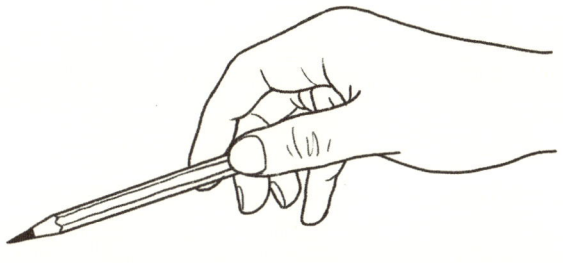

연필을 낮고 길게 잡으면 부드럽고 엷은 선을 그릴 때나 이젤에 그림을 그릴 때 편리합니다.

스케치하기 좋은 자세

스케치할 때는 늘 바른 자세를 유지해야 합니다. 자세가 올바르지 않으면 쉽게 피곤해지고 그림이 비뚤어집니다. 특히 고개를 숙이고 그림 그리는게 습관으로 굳어지지 않도록 주의해야 합니다.

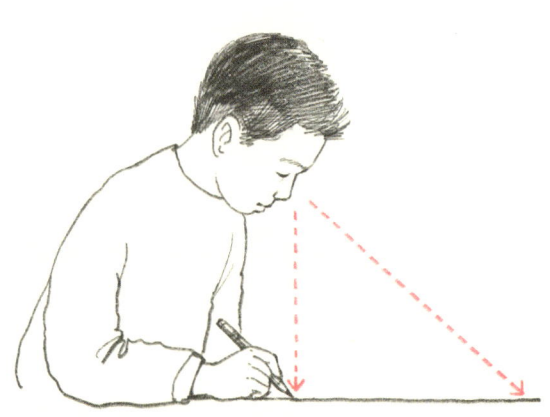

그림 그릴 때는 잘 인식하지 못하지만 수직으로 내려다본 지점에서 멀어질수록 그림의 형태가 일그러지는 현상이 심해집니다.

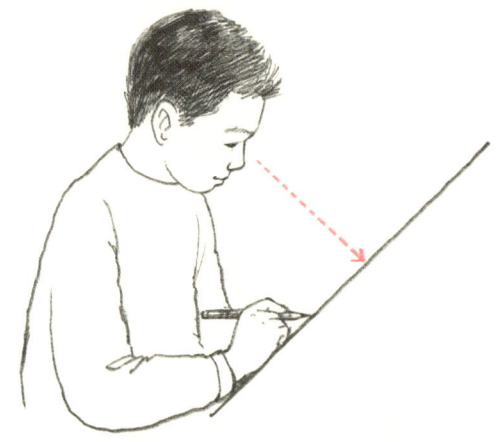

화판을 경사지게 놓고 종이와 시선의 각도를 90도로 유지하면 왜곡 현상이 발생하지 않고 올바른 자세를 오랫동안 유지할 수 있습니다.

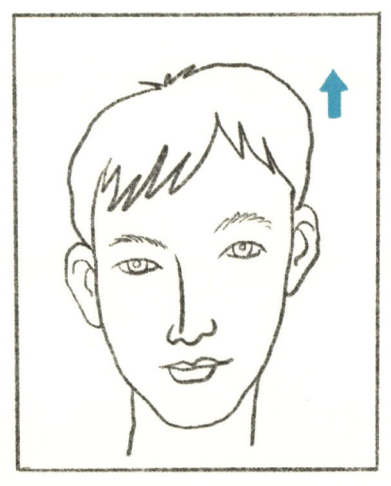

왼쪽 보기 그림은 대표적인 왜곡 현상의 예입니다. 오른손잡이는 그림의 오른쪽 부분이 왼쪽에 비해 위로 올라가게 그려집니다. 수평선을 그을 때도 오른쪽이 올라가고, 수직선을 그으면 오른쪽으로 기울어지는 현상이 발생합니다. 그림을 그릴 때는 균형이 비뚤어졌다는 것을 알아차리지 못하지만, 그림을 세워 보면 비로소 알 수 있습니다. 따라서 스케치를 하면서 자주 그림을 세워 보고 왜곡이 생기지 않았는지 확인하는 습관이 필요합니다.

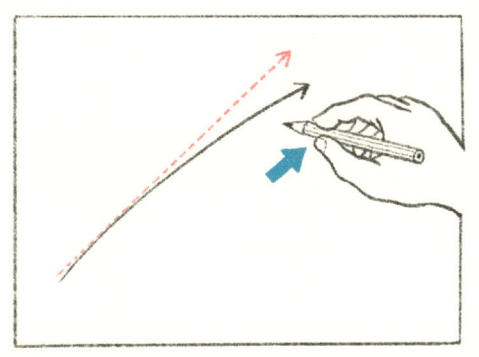

오른손잡이의 경우 직선을 그을 때, 오른쪽이 올라가는 대각선 방향으로 그리는 것이 내려가는 방향으로 그리는 것보다 훨씬 편합니다. 또한 선이 길어질수록 끝부분이 아래로 휘어지는 현상이 발생하기 쉬우므로 주의해야 합니다. 왼손잡이는 반대로 생각하면 됩니다.

종이를 약간 기울어지게 놓고 그림을 그리면 훨씬 편하고 정확하게 선을 그을 수 있습니다. 종이를 고정하지 않고 필요에 따라 돌려 가며 선을 긋는 것이 좋습니다.

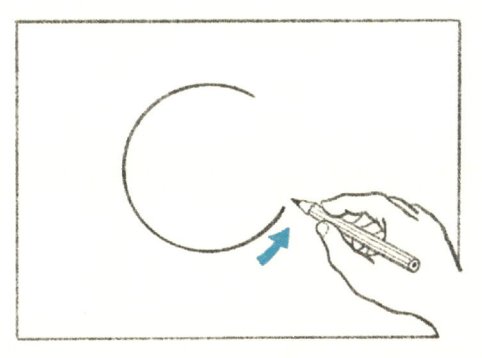

동그라미나 곡선을 그을 때는 시계 반대 방향으로 긋는 것이 편합니다. 또 동그라미를 그릴 때 왼쪽 절반을 그린 다음 종이를 180도 회전시켜 나머지 절반을 그리면 훨씬 쉽습니다.

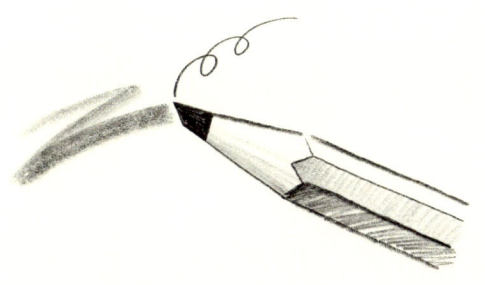

연필심을 자주 깎아 주지 않으면 생각과는 다른 선이 그어질 수 있습니다. 특히 심이 부드럽고 굵은 연필일수록 한쪽만 금방 닳아서, 왼쪽 보기 그림과 같이 각도에 따라 극단적으로 다른 선이 그어질 수 있습니다.

이 책의 가장 큰 목적은 '선긋기'에 대한 자신감을 키우는 것입니다. 스케치에서 스트로크Stroke란 연필이나 펜이 종이 면에 닿았다가 떨어지면서 남긴 흔적을 통칭하며, 다르게는 선Line을 의미합니다. 스케치는 스트로크와 스트로크의 조합으로 이루어지며, 선의 성격에 따라 스케치의 느낌이나 개성이 달라집니다.

짧은 선을 중첩시켜 선을 긋는 이유는 글씨 쓰는 습관과 형태를 그리는 행위에 대한 두려움 때문입니다.

일반적으로 스트로크가 약한 사람은 스케치 톤이 섬세하고 그림을 작게 그리는 것을 좋아하고, 스트로크가 강한 사람은 톤이 진하고 그림을 크게 그리는 것을 좋아합니다. 스트로크를 연습하면 자신에게 부족한 부분을 보완하게 되고, 강약 조절을 통해 리듬과 생동감이 느껴지는 스케치를 할 수 있게 됩니다. 또한 선긋기에 대한 두려움을 잊고 자신 있게 선을 그을 수 있어, 그림 그리기에 대한 막연한 공포감을 없앨 수 있습니다. 특히 왼쪽 뇌가 발달한 사람일수록 실패에 대한 두려움과 여러 가지 고정관념, 그리고 다른 사람의 평가에 대한 부정적 인식이 크게 작용하여 선을 긋는 행위 자체에 무의식적인 거부감을 보입니다. 목소리를 내지 않으면 노래를 부를 수 없듯이 선을 긋지 못하면 어떤 그림도 그릴 수 없습니다.

형태가 찌그러지더라도 한 번에 선을 그어야 합니다. 망설일수록 선은 불안해지고 스트로크가 재미없어집니다.

첫 번째 선긋기, 즉 스트로크 연습은 오른쪽 페이지의 보기 그림에서 볼 수 있는 만 3세 무렵에 그렸던 최초의 동그라미를 그리는 것에서부터 시작합니다.

연필을 떼지 않고 동그라미를 중첩시켜 그려 보세요. 속도를 다르게 해서 어떻게 느낌이 달라지는지 경험해 보세요.

직선 스트로크 연습

지금부터 본격적으로 여러분의 손을 그림 그리기 좋은 손으로 변화시키는 연습에 들어갑니다. 그림 그리기에 최적화된 손은 원하는 선을 원하는 대로 그을 수 있는 손을 의미합니다. 소질이나 손재주의 여부와 상관없이 연습량에 따라 아주 천천히 기량이 향상됩니다. 무엇을 배우든지 기초 연습은 지루하고 인내심이 요구되는 과정입니다. 포기하지 말고 최선을 다해 집중하기 바랍니다.

가장 먼저 직선 긋기를 연습합니다.

❶ 2~3cm 간격으로 나란하게 평행선을 그으세요. 아주 길게 그려도 좋습니다.

❷ 위에서 아래로 내리긋는 직선 스트로크를 연습하세요. 짧거나 길어지지 않고 일정한 간격으로 그어야 합니다.

같은 방식으로 촘촘하게 선을 그어 보세요.
위에서 연습한 사다리 그림을 이용해도 좋습니다.

비스듬한 사선 긋기를 연습하세요.
반대 방향으로 누운 사선도 그어 보세요.

내려갔다 올라가는 패턴 긋기를 연습하세요.
연습이 끝나면 평행선을 세로로 그은 다음
가로 방향으로 긋는 스트로크를 같은 방식으로 연습하세요.

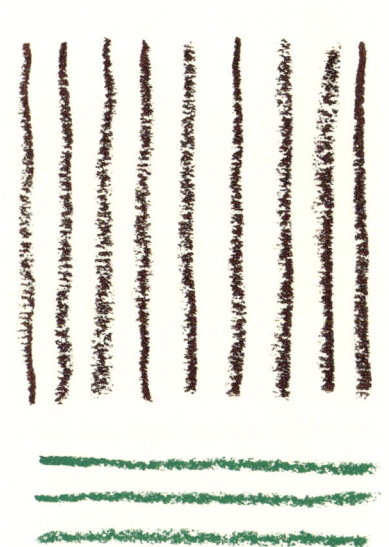

손가락과 손목은 고정한 채 팔꿈치와 어깨 관절을 움직여 길고 반듯한 직선 긋기를 연습합니다. A4 크기의 종이 가장자리에 1cm 간격으로 점을 찍은 다음 점과 점 사이를 연결하는 직선을 반듯하게 그어 보세요. 휘어지게 선을 긋지 않도록 조심하고 선의 굵기를 일정하게 유지하세요. 먼저 위에서 아래로 내리긋는 수직선 긋기를 10장 정도 연습한 다음, 밑에서 위로 올려 긋는 수직선 긋기를 같은 방식으로 연습하세요.

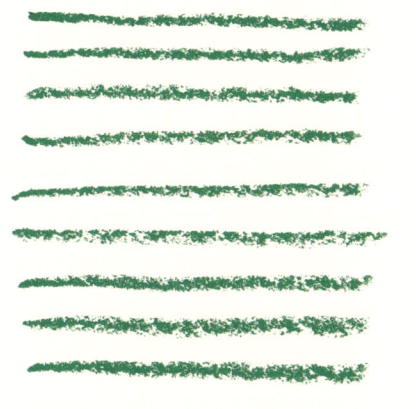

수직선 스트로크 연습에 이어 수평선 스트로크도 연습하세요. 왼쪽에서 오른쪽으로 선긋기를 10장 정도 연습한 다음, 오른쪽에서 왼쪽으로 선을 긋는 연습도 이어서 해 보세요. 선의 중간 부분이 위로 볼록해지거나 물결 모양으로 일렁이는 선이 되지 않도록 주의하세요.

사선 스트로크를 연습할 때는 종이를 반듯하게 놓고 선을 그어야 합니다. 손목 관절을 움직이면 선이 휘어지거나 구불거리게 그어지니 주의하세요. 종이의 가로 면에 찍은 점과 세로 면에 찍은 점을 연결합니다. 방향을 바꾸어 반대 방향으로도 스트로크를 연습하세요. 불편하다고 느껴지는 방향의 선긋기를 많이 할수록 스트로크 연습의 효과가 좋아집니다.

선의 굵기 혹은 강도를 조절하는 연습을 해 봅니다. 위와 같은 방식이지만 가는 선과 굵은 선을 반복해서 그어 보세요. 스케치에서 스트로크의 힘 조절은 매우 중요합니다. 수직선과 수평선 그리고 대각선을 같은 방법으로 반복해서 연습하세요.

곡선 스트로크 연습

곡선 스트로크를 연습합니다. 작은 크기로 그릴 때는 손가락과 손목을 사용하고, 큼직하게 그릴 때는 손목은 고정하고 팔 전체를 움직여 선을 그어야 합니다.

선을 중첩시켜 여러 가지 모양의 타원을 그려 보세요.

꼬불꼬불한 곡선 스트로크를 연습하세요.

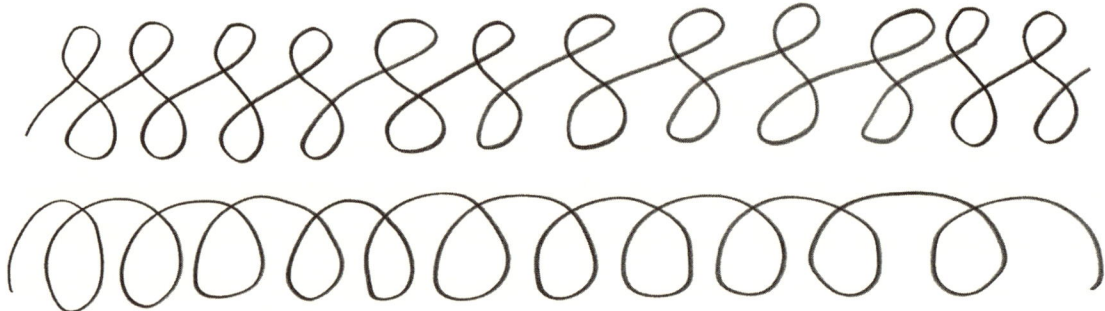

물결처럼 넘실거리는 완만한 곡선을 그려 보세요.

A4 용지에 가득 차게 긴 곡선 스트로크를 연습하세요. 스트로크 연습의 핵심은 망설이지 않고 거침없이 선을 긋는 습관을 들이는 것입니다. 비뚤어질까 봐 불안하다면 눈을 감고 선을 그어 보세요.

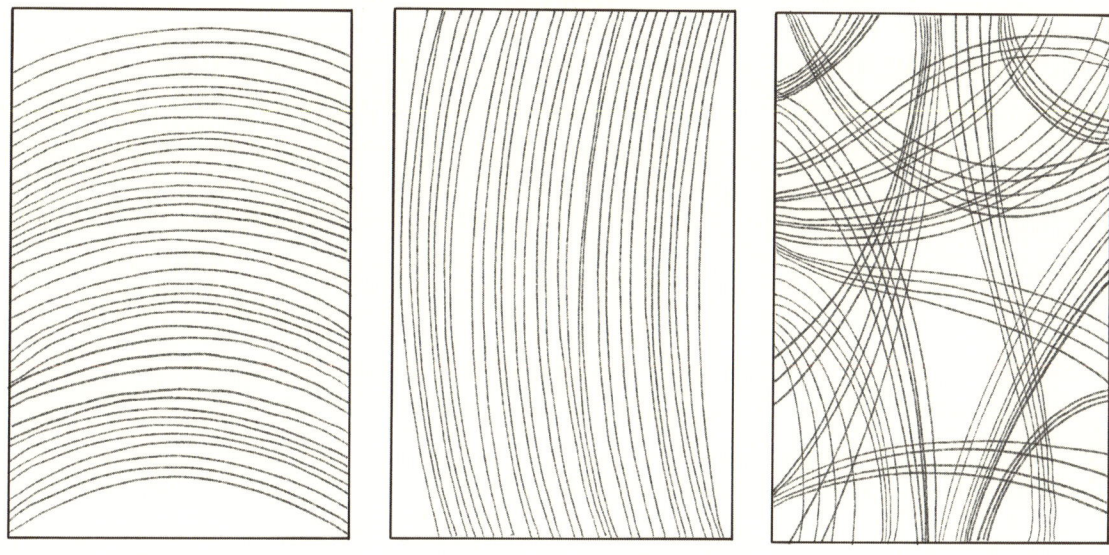

펜 스트로크를 연습하세요. 흑연 가루를 종이 면에 묻히는 연필과 달리 펜은 잉크를 종이에 스며들게 하기 때문에 전혀 다른 성격의 스트로크를 보여 줍니다. 펜촉에 따라 느낌이 달라지므로 충분히 연습해서 익숙한 스트로크로 만들어야 합니다. 앞에서 연습했던 직선 스트로크 연습 과정을 펜으로 다시 한 번 연습해 보세요. 특히 길게 선을 긋는 연습을 많이 해야 합니다.

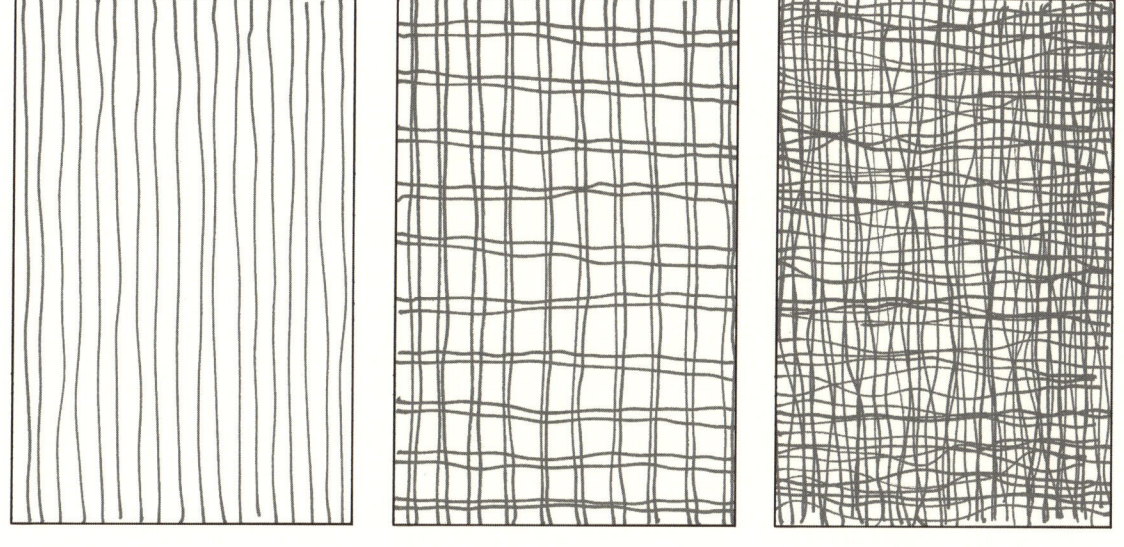

관찰 연습

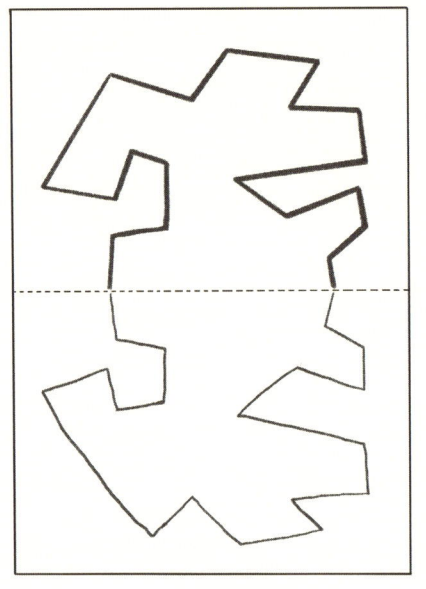

스스로 문제를 내고 스스로 해결하는 '데칼코마니 그리기' 놀이를 해 보세요. 종이를 반으로 접은 다음, 접힌 부분의 한 지점에서 시작하여 구불거리는 도형을 그리세요. 종이를 펴고 반대쪽 빈 공간에 거울에 비친 것처럼 도형을 따라 그리는 연습입니다. 연습을 시작할 때는 단순한 직선으로 이루어진 쉬운 도형을 그리고, 조금씩 적응하면 자유 곡선으로 난이도를 높이세요. 선을 그을 때는 짧게 끊어서 중첩시키지 않고, 가급적이면 한 선으로 천천히 이어서 길게 스트로크하는 것이 좋습니다. 관찰력을 키우는 데 가장 효과가 좋은 연습입니다.

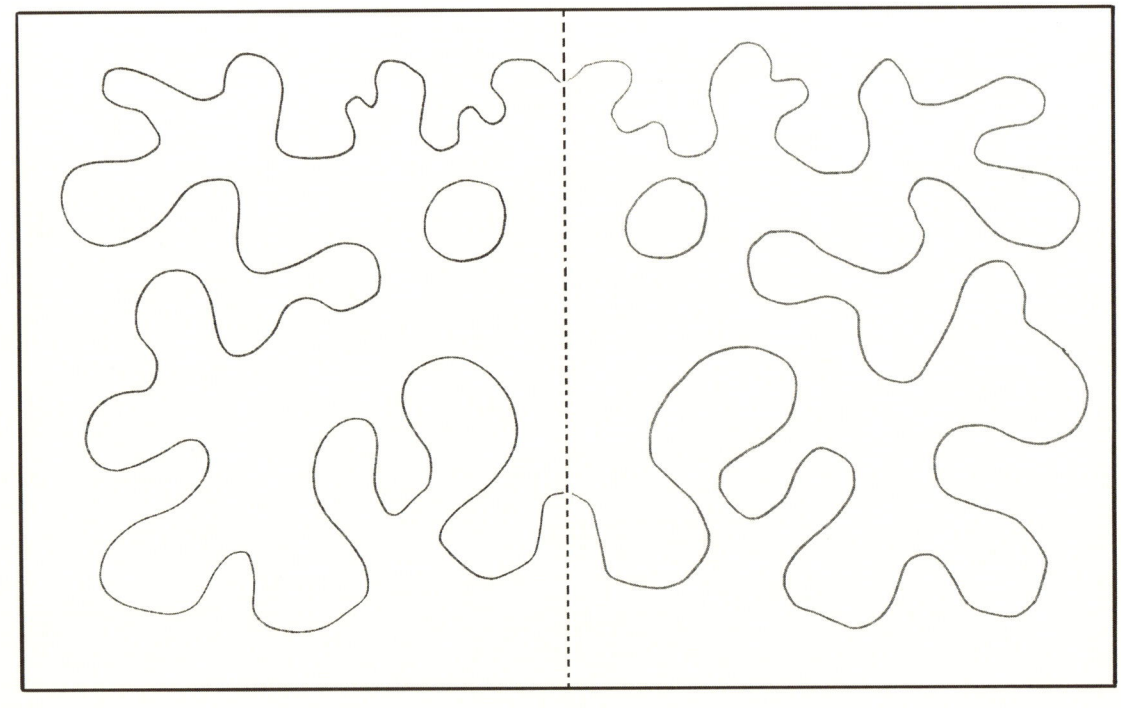

거꾸로 그리기를 연습합니다. 왼쪽 페이지에서 연습한 데칼코마니 그리기와 같은 방식으로 아래 그림을 자세하게 관찰한 다음, 관찰한 결과를 선으로 나타내는 연습입니다. 거꾸로 그리는 연습을 하는 이유는 대상을 순수한 선으로 파악하는 스케치의 기초 과정으로 매우 중요하기 때문입니다. 특히 인물 스케치를 할 때 큰 도움이 됩니다.

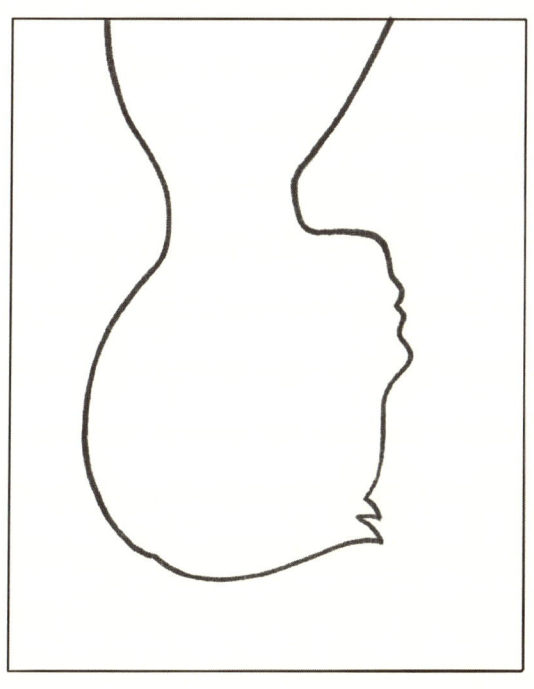

윤곽선 스트로크 연습

간단한 도형 그리기로 시작해서 형태를 완성하는 연습을 해 보겠습니다. 이 연습의 목적은 지루하지 않게 선긋기를 연습하는 것입니다. '그림을 그린다'는 생각을 하면 무의식적으로 다르게 그리거나 잘못 그리는 것에 대한 걱정이 앞서게 됩니다. 다르게 그려지는 것을 당연하게 생각하고 오직 깔끔한 선긋기에만 집중해 반복 연습하세요.

세모로 나무를 그려 보세요.

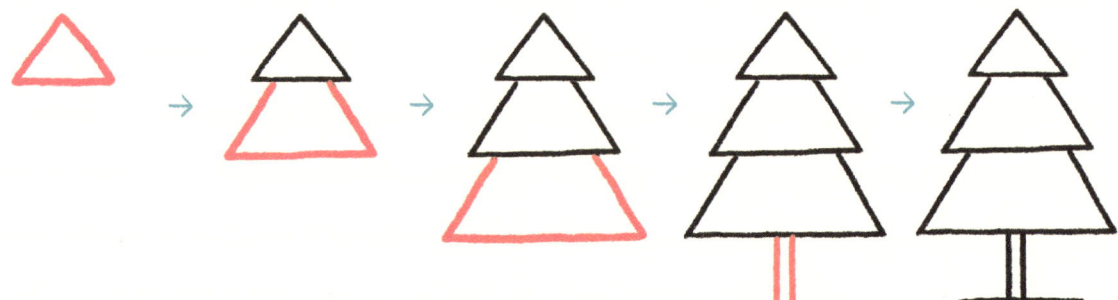

동그라미로 거북이를 그려 보세요.

반원으로 고양이를 그려 보세요.

동그라미로 거미를 그려 보세요.

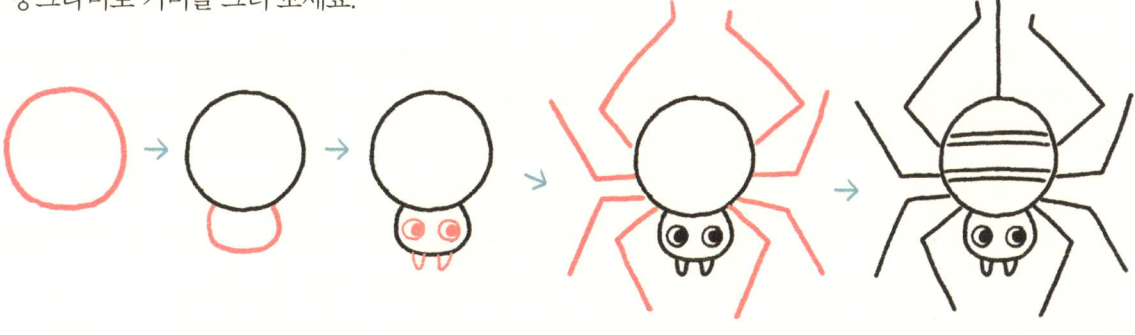

사다리꼴로 선인장 화분을 그려 보세요.

동그라미로 곰의 얼굴을 그려 보세요.

납작한 네모로 집을 그려 보세요.

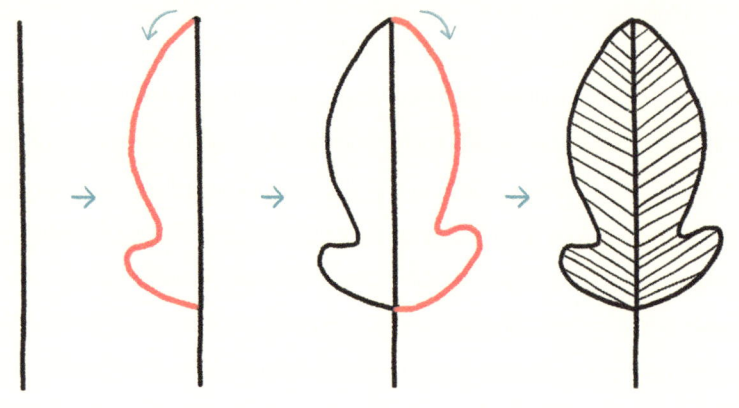

나뭇잎을 소재로 짧게 끊어서 긋는 스트로크를 연습합니다. 작게 그릴 때는 샤프펜슬이나 라이너 펜 종류의 세필 펜을 사용하는 것이 좋습니다. 보기 그림과 비슷하게 그리는 것보다 깔끔하게 정리된 스트로크로 그리는 게 더 중요합니다. 재미있는 낙서를 하는 기분으로 여유 있게 그려 보세요.

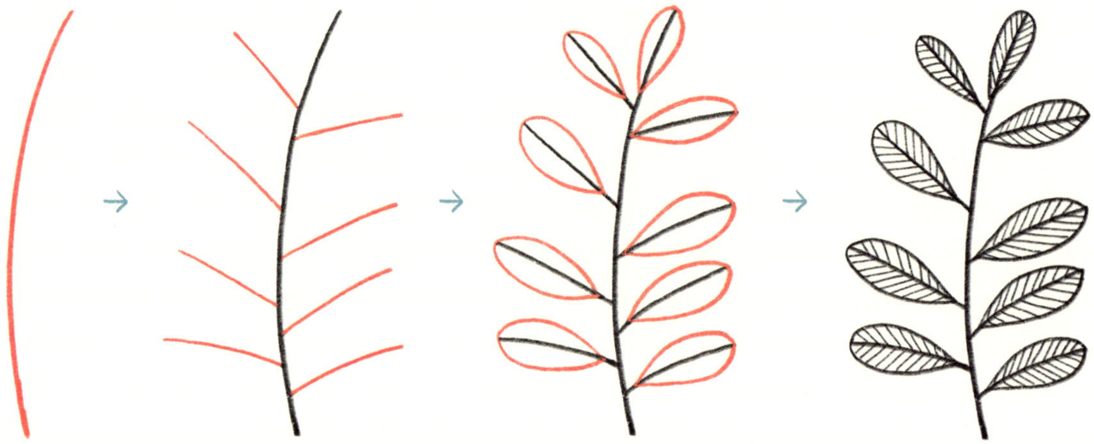

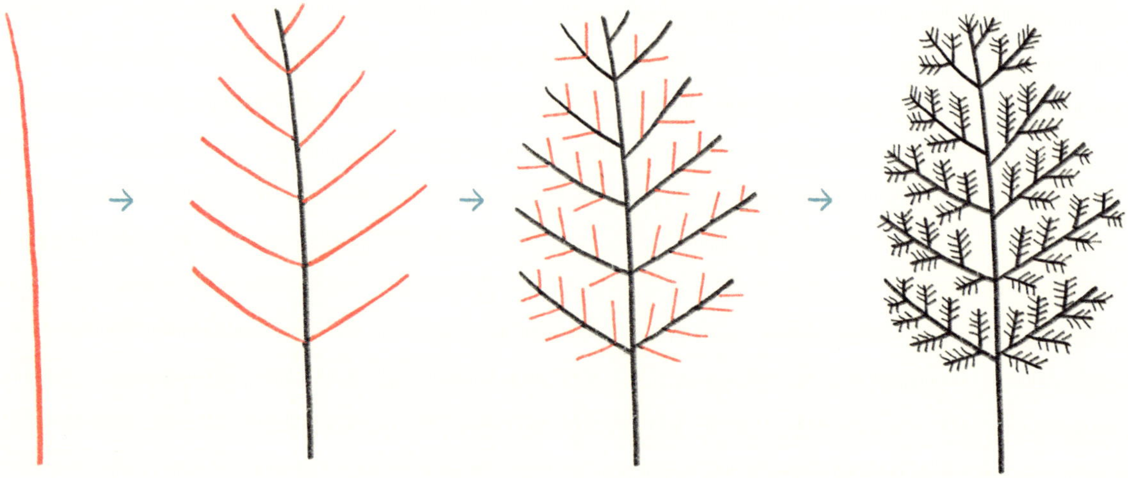

유자 열매와 잎을 그려 보세요.

사과를 그려 보세요.

도토리를 그려 보세요.

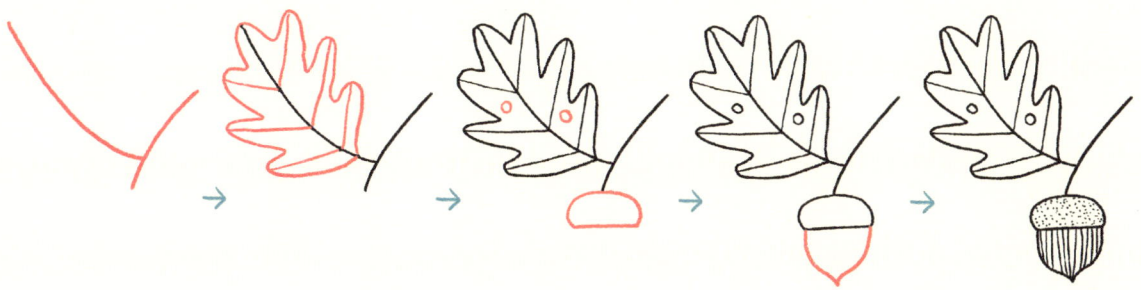

해당화 열매를 그려 보세요.

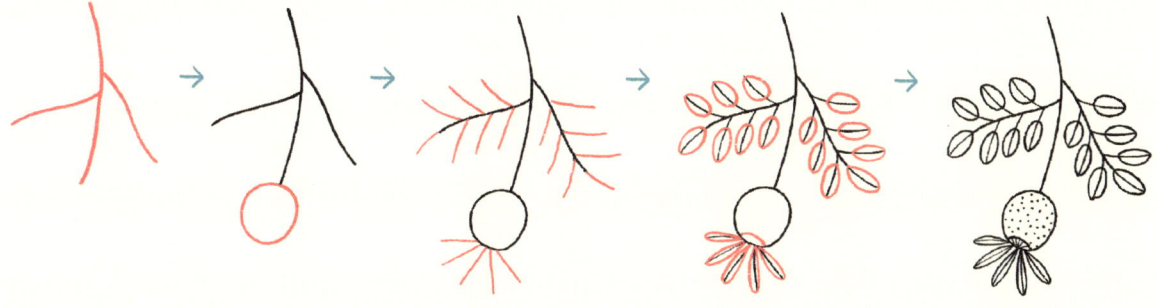

다양한 크기의 그림을 그리며 스트로크를 연습해 보세요. 오른손잡이의 경우 그림의 크기가 커질수록 위쪽과 왼쪽으로 볼록한 곡선 스트로크가 훨씬 그리기 편합니다. 따라서 종이를 빙글빙글 돌려 가며 선을 그으면 조금 더 안정적인 스트로크가 가능합니다.

버섯을 그려 보세요.

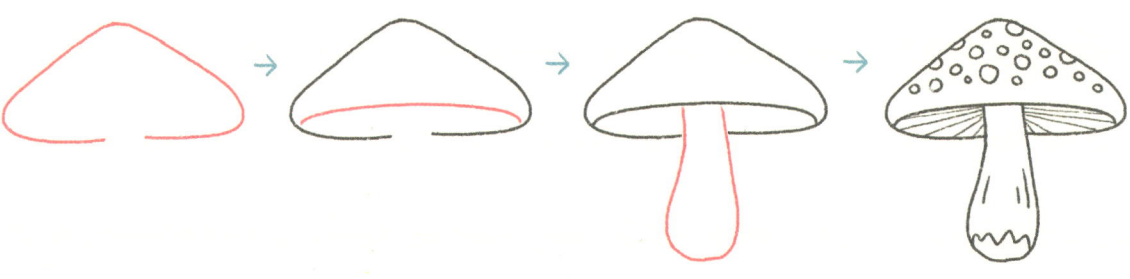

당근을 그려 보세요.

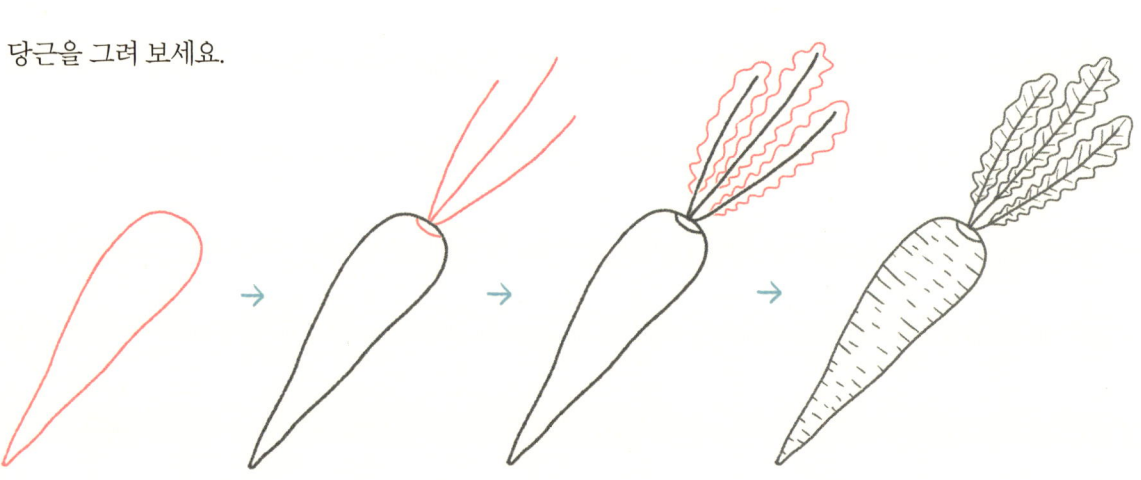

'윤곽선 스케치'는 두 가지 방식으로 나뉩니다. 첫 번째는 바깥쪽의 가장자리 윤곽선을 그린 다음 안쪽의 윤곽선을 그려 넣는 방식이고, 두 번째는 부분에서 시작하여 전체 윤곽으로 확장해 그려 나가는 방식입니다. 장미를 소재로 재미있게 스트로크 연습을 해 보세요. 10번 이상 반복해서 그려 보고 윤곽선 스케치 위에 색연필로 부드럽게 컬러링해 보세요.

이번에는 동물을 소재로 윤곽선 스트로크를 연습합니다.
금붕어를 소재로 곡선 스트로크를 연습하세요.

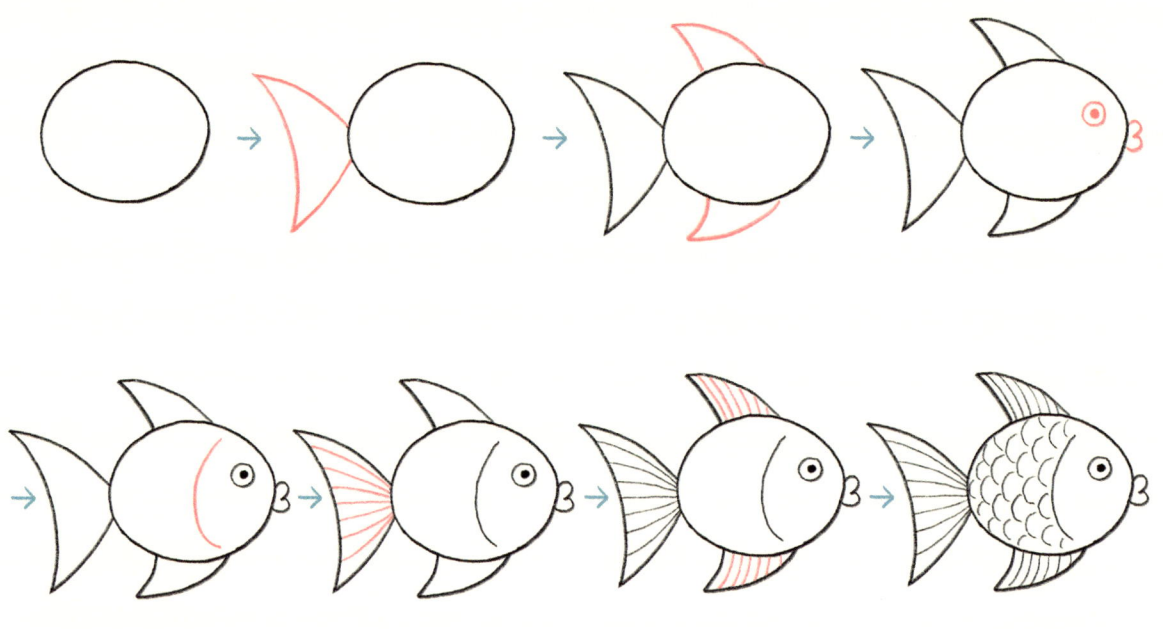

직선 스트로크로 사슴을 그려 보세요.

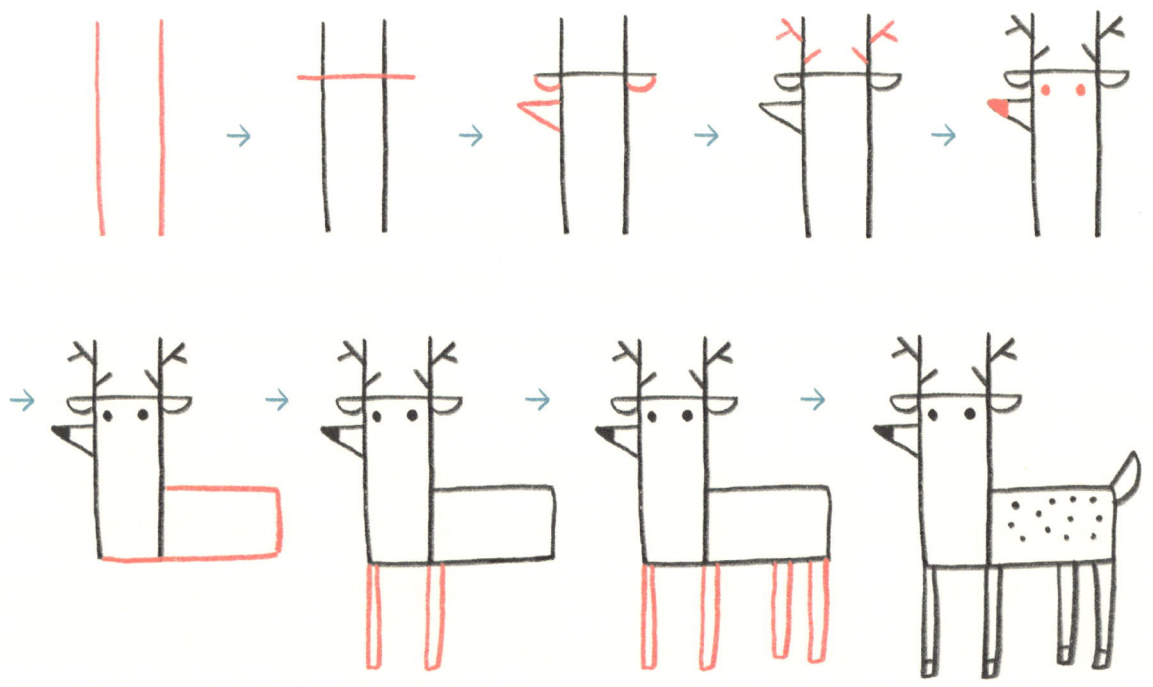

작은 동그라미와 반원으로 새를 그려 보세요.

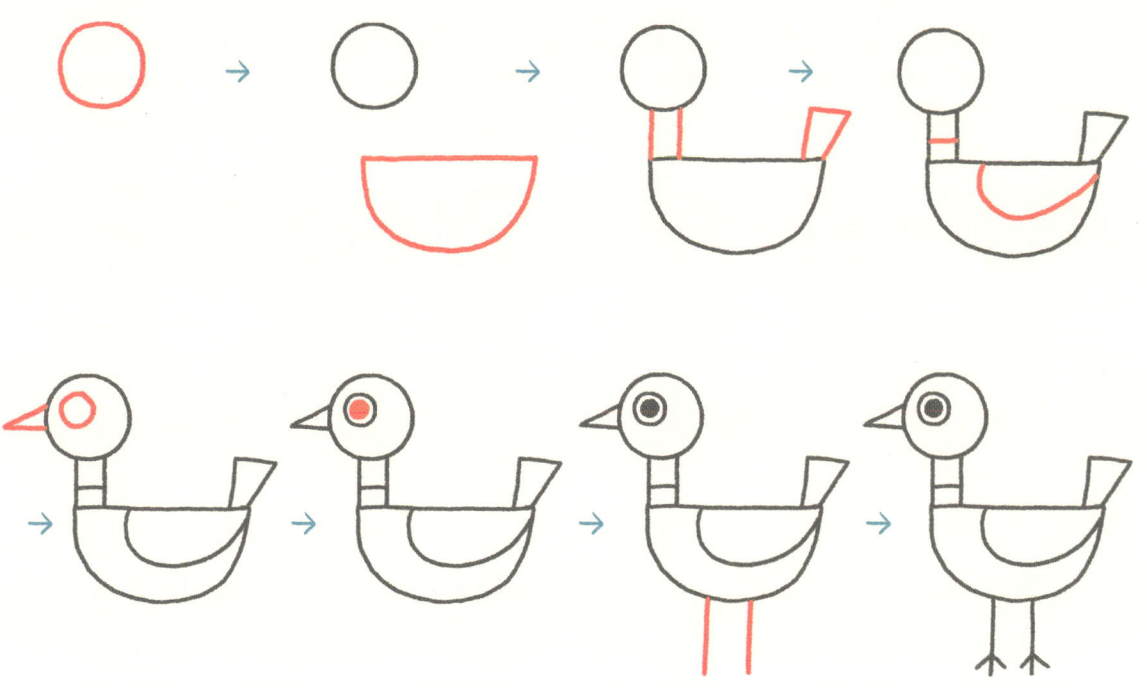

펭귄을 소재로 가장자리 윤곽선 스케치를 연습하세요.

비글을 그려 보세요.

불도그를 그려 보세요.

중심 보조선을 긋고 좌우의 대칭을 맞춰 그리는 연습입니다. 굵은 스트로크로 예쁜 고양이 캐릭터를 그려 보세요.

보기 그림에는 보조선이 점선으로 그려져 있지만 실제 보조선은 아주 엷게 그리는 것이 좋습니다. 곰돌이 캐릭터를 깔끔하게 그려 보세요.

가장자리 윤곽선으로 아기 고래를 그려 보세요.

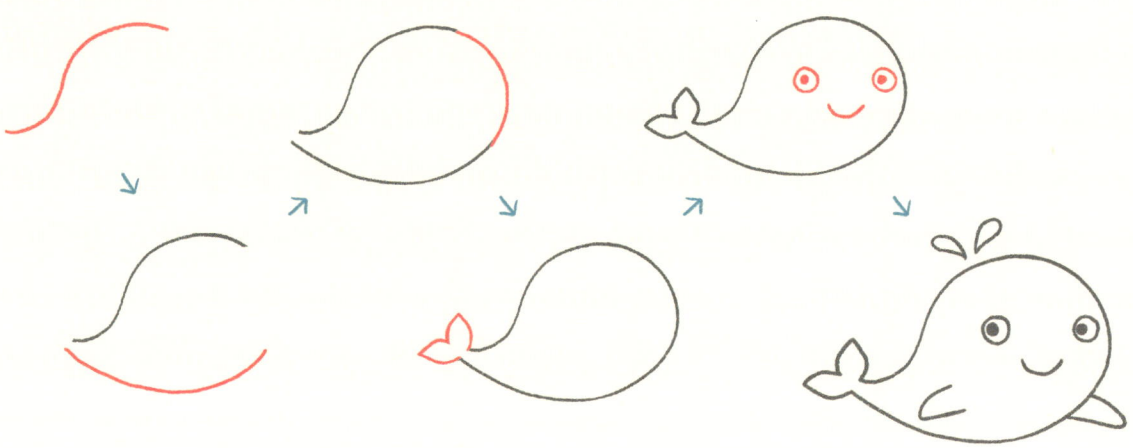

빠른 스트로크로 비둘기 스케치를 연습해 보세요.

부드러운 곡선으로 푸들을 그려 보세요.

눈부터 그리기 시작하는 얼굴 스케치를 연습하세요.

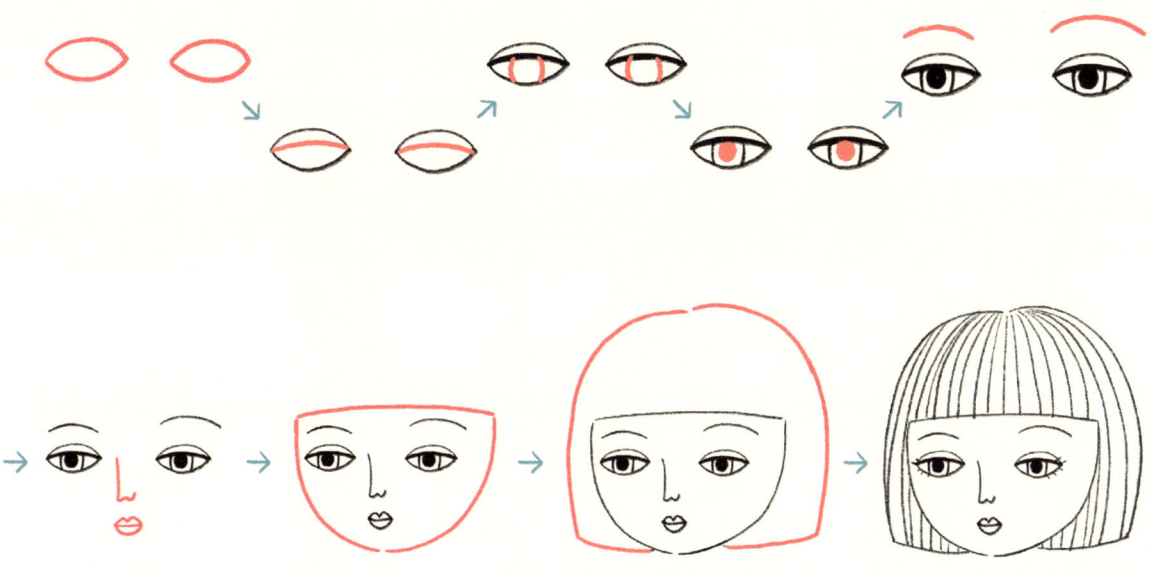

가장자리 윤곽선으로 그리는 얼굴 스케치를 연습하세요.

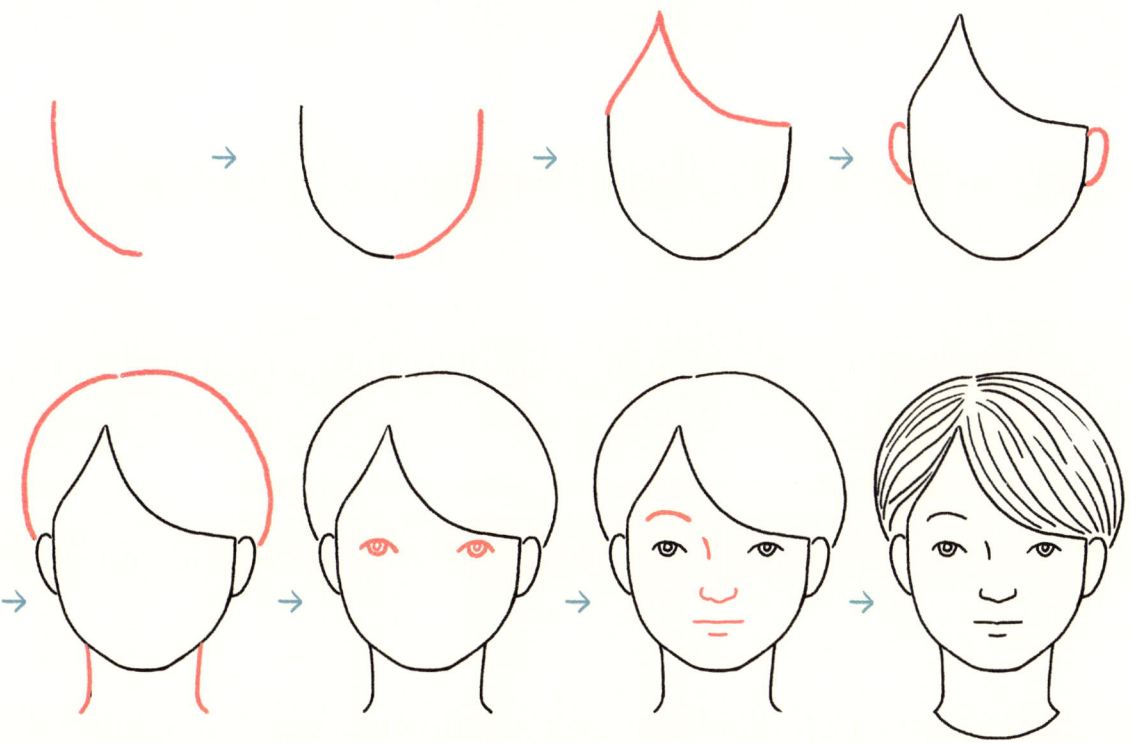

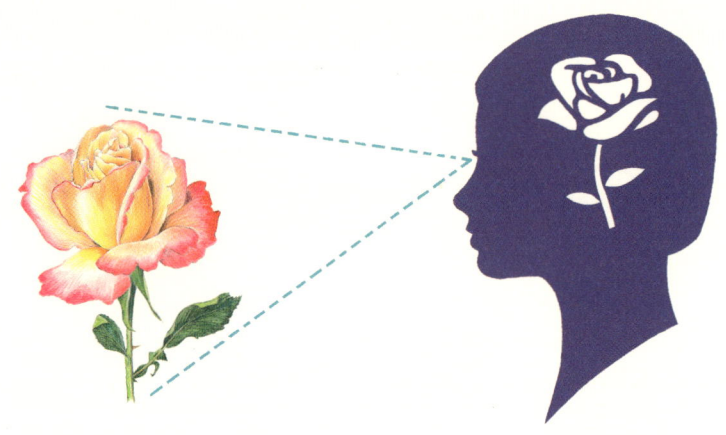

우리의 뇌는 복잡한 형태를 정확하게 인지하고 기억하기보다는 우리가 본 것을 마치 컴퓨터가 이미지를 압축하듯이 단순하고 상징적인 이미지로 기억합니다. 실제 장미를 떠올릴 때 뇌는 그 장미꽃의 구체적인 형태보다 장미꽃의 상징 이미지만을 떠올립니다. 그래서 장미꽃을 그릴 때 우리는 자신도 모르게 실제와 다른 상징 이미지를 그리게 됩니다. 그 습관을 누르는 유일한 힘은 대상을 있는 그대로 자세히 들여다보는 '관찰력'입니다.

스케치의 시작은 대상을 관찰해서 대상을 배경과 구분하는 일입니다. 때로는 그 경계선이 희미하거나 애매해 보일 때도 있습니다.

그럼에도 불구하고 그 경계선을 분명하고 구체적인 실선으로 나타내야 합니다. 이 가장자리 윤곽선이 모든 형태 표현의 시작입니다.

Chapter 2
형태 스케치

그림을 잘 그리기 위해서는 크게 두 가지 표현 능력이 필요합니다.
우선 전체적인 모양, 즉 '형태'가 정확해야 하고
그 다음은 '명암'을 잘 표현할 수 있어야 합니다.
2장에서는 형태를 정확하게 그리기 위한 기초 연습을
해 보겠습니다. 스케치에서 '정확하게 그린다'는 의미는
사진과 똑같이 그리는 것과 차이가 있습니다. 실제로
사진을 똑같이 따라 그리면 부자연스러워 보이는 경우가
많습니다. 사진을 보았을 때와 그림을 보았을 때 우리 뇌가
인지하는 감각이 서로 다르기 때문입니다. 따라서
스케치를 배워서 익히는 가장 큰 목적은 형태를 똑같이
그리는 것이 아니라 자연스럽게 보이도록 그리는 것입니다.

컨투어 드로잉

컨투어 드로잉Contour Drawing 즉, 윤곽선 드로잉이란 명암을 표현하지 않고 대상을 오직 순수한 윤곽선만으로 파악하여 그리는 방식을 의미합니다. 순수한 윤곽선 그림은 강약의 변화 없이 일정한 굵기의 선으로 그리는 그림입니다. 가장 중요한 가장자리 윤곽선부터 시작하여 안쪽의 다양한 요소 가운데 가장 먼저 눈에 띄는 윤곽선부터 시작해 세부적인 윤곽선을 그리는 순서로 진행합니다. 컨투어 드로잉을 꾸준하게 연습하면 빠른 속도로 관찰력과 표현 능력이 키워집니다.

우리 뇌는 어떤 대상을 인식할 때 형태의 특성을 부분적으로 인식하는 것이 아니라 전체적인 윤곽으로 재빨리 이해하려는 시지각적 특성을 지닙니다. 그래서 '드로잉'은 대상의 윤곽을 파악하고 그 윤곽을 선으로 나타내는 것에서 시작됩니다. 가장자리 윤곽선은 소재와 배경이 만나는 선, 혹은 구분되는 부분을 선으로 연결한 것으로 대상과 배경을 분리시킵니다. 아래 왼쪽 보기 그림에서 검은색 부분은 배경이고, 흰색 부분은 소재입니다. 때로는 그 경계가 모호하고 배경이 몹시 복잡하더라도 그림을 그릴 때는 이런 식으로 인식해야 배경 분리가 쉽습니다. 소재가 커질수록 배경은 작아지고, 소재가 작아질수록 배경이 커지는 것은 화면 구성의 첫 번째 요소입니다.

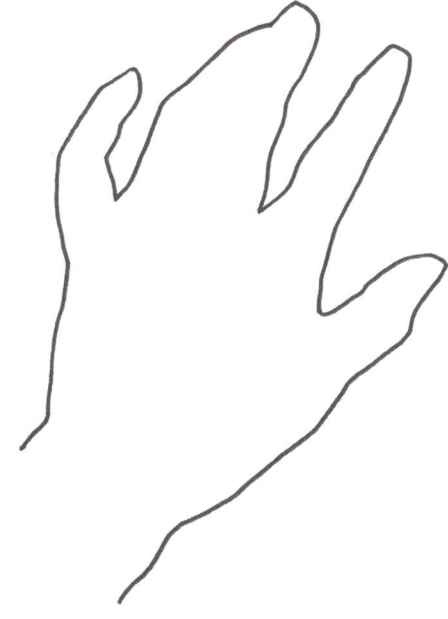

컨투어 드로잉, 즉 윤곽선 그림을 연습할 때는 단순한 형태보다 위 보기 그림처럼 복잡하고 굴곡이 많은 대상이 좋습니다. 어려울 듯 보이지만 시간이 오래 걸릴 뿐 그렇게 까다롭지 않습니다. 오른쪽 보기 그림은 손톱깎이를 대상으로 가장자리 윤곽선을 그린 것입니다. 연습장에 아래 보기 그림과 같은 순서로 윤곽선 그림을 완성해 보세요.

컨투어 드로잉은 아래와 같은 순서로 진행됩니다.
모든 과정은 반복되는 연습을 통해 차츰 익숙해지고, 형태 또한 안정적으로 변합니다.

가장자리 윤곽선　　　먼저 눈에 띄는 윤곽선　　　세부적인 윤곽선

우리 눈에 보이는 모든 대상이 컨투어 드로잉 소재가 될 수 있습니다. 왼쪽 보기 그림은 프라이드치킨을 소재로 약 10분 동안 집중해서 컨투어 드로잉한 것입니다. 여러 가지 음식이나 음식 재료는 컨투어 드로잉의 좋은 소재입니다.

보기 그림들은 샤프펜슬을 사용해 그렸지만 펜이나 색연필을 사용해 개성 있는 느낌을 연출할 수도 있습니다. 수채 도구로 가볍게 컬러링하면 더 멋진 그림이 됩니다.

컨투어 드로잉은 연주자가 공연을 하기 전에 튜닝을 하거나 운동선수가 몸을 풀기 위해 하는 준비 운동과 같습니다. 손가락을 자유자재로 놀려 자연스럽게 선을 그을 수 있도록 하는 선긋기 연습이자, 대상을 자세히 보고 분석하는 관찰 연습입니다. 주변에 있는 물건을 책상 위에 올려놓고 10초 동안 들여다보고 5초 동안 그리는 연습을 반복해 보세요. 관찰하는 시간이 언제나 그리는 시간보다 길어야 합니다.

블라인드 컨투어 드로잉

초보자는 그림을 그리는 내내 자신이 잘못 그리고 있는 것은 아닌지 불안해합니다. 이것을 극복하는 데 가장 좋은 연습 방법이 바로 보지 않고 윤곽선 그리기, 즉 블라인드 컨투어 드로잉Blind Contour Drawing입니다. 왼쪽 보기 그림과 같이 그림을 그리는 동안 눈은 오직 대상에만 고정한 채 자신의 그림이 진행되는 과정을 보지 않습니다. 그림을 그리는 동안 그림에 대한 어떤 판단도 할 수 없고 결과를 예측할 수도 없습니다. 책상 면의 종이가 흔들리지 않도록 셀로판테이프로 붙여 고정하고 대상의 한 지점을 정하여 눈이 윤곽을 따라가는 대로 손을 움직여 윤곽선을 그리면 됩니다. 초보자는 2분 정도 집중할 수 있으며, 연습량에 따라 시간을 조금씩 늘여 갑니다.

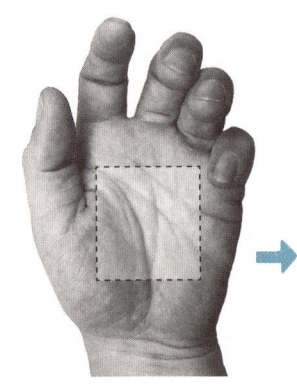 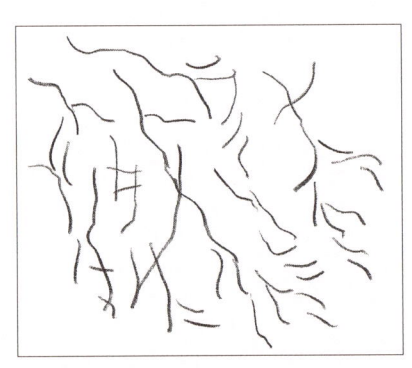

왼쪽 보기 그림은 손바닥 안의 손금을 보고 그린 것입니다. 손바닥 안에 가상의 네모를 만들고, 손금을 따라가며 윤곽선을 그려 보세요.

아래 보기 그림은 손과 손금을 동시에 블라인드 컨투어 드로잉한 것입니다. 연습을 많이 할수록 형태가 안정되어 가는 것을 알 수 있습니다.

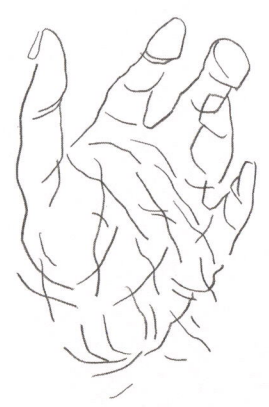 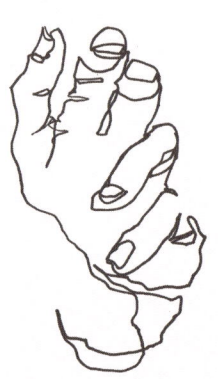 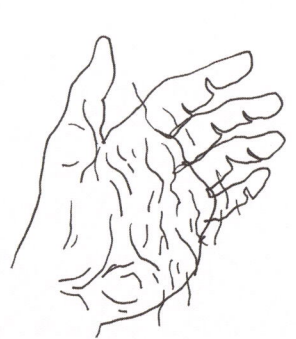 

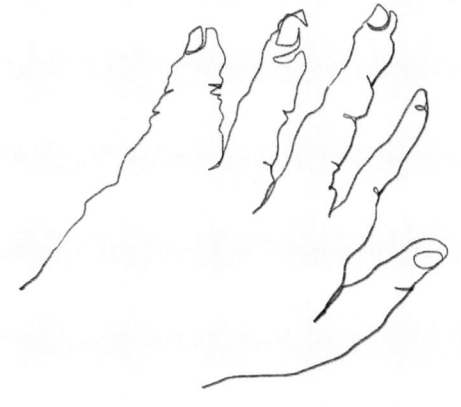

손목의 한쪽 끝부분에서 시작하여 손목의 반대쪽까지 선을 떼지 않고 이어서 그려 보세요. 연필과 펜을 번갈아 사용해 보면 선을 긋는 서로 다른 느낌을 체감할 수 있습니다. 손은 드로잉 소재 가운데 가장 그리기 까다롭지만, 블라인드 컨투어 드로잉을 할 때는 똑같이 그려야 한다는 생각이 작용하지 않으므로 쉽게 그릴 수 있습니다. 한 가지 놀라운 사실은 보지 않고 그린 그림이 보고 그린 그림보다 더 멋질 수 있다는 것입니다.

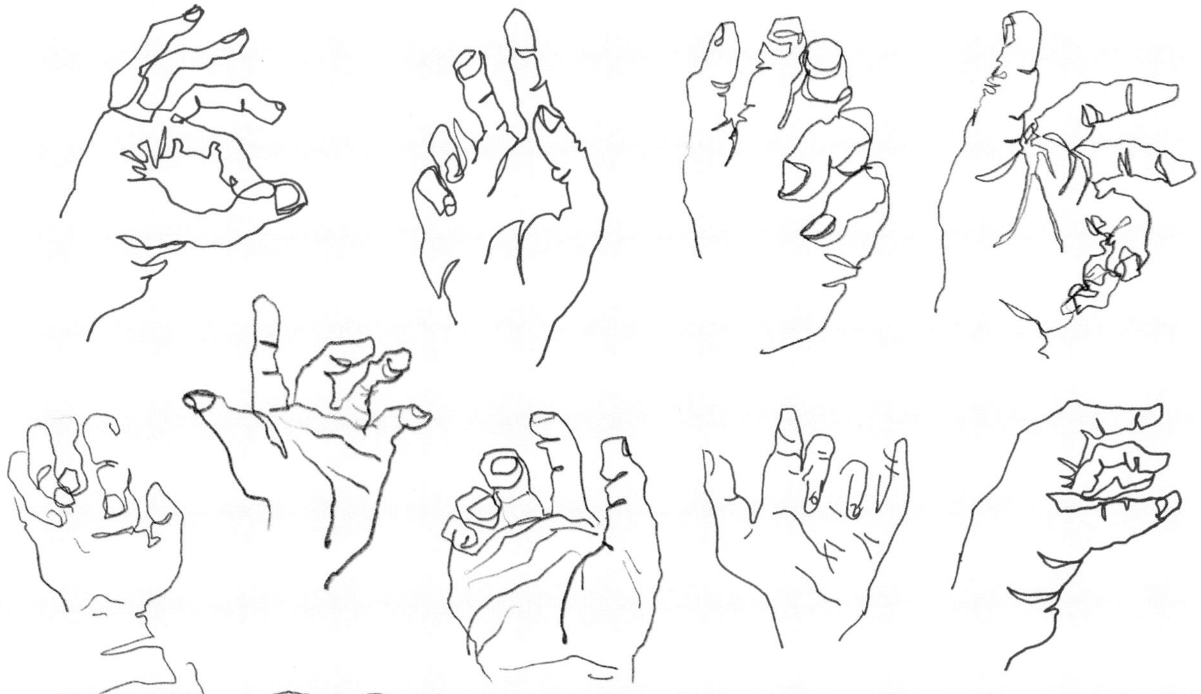

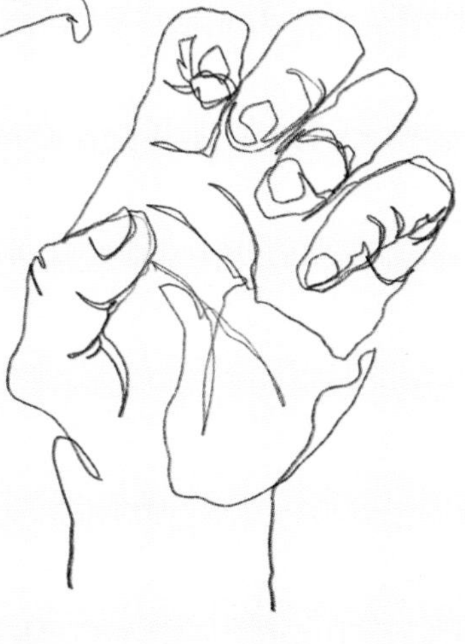

블라인드 컨투어 드로잉은 매일 한 시간씩 일주일 이상 연습해야 효과가 나타납니다. 연습하는 기간에는 다른 방식의 그림은 그리지 않는 것이 좋습니다. 자신의 통제에서 벗어난 선은 가장 자유롭고 꾸밈 없는 자신만의 순수한 내추럴 스트로크 Natural Stroke입니다. 이렇게 해서 만들어진 나만의 내추럴 스트로크는 앞으로 여러분의 그림 스타일을 결정짓는 토대가 됩니다.

스마트폰으로 검색한 사진이나 그림을 보고 블라인드 컨투어 드로잉을 연습해 보세요. 꾸준한 연습으로 어느 정도 익숙해지면 거북함이 사라지고 스트로크에도 속도가 붙어 점점 안정적인 스케치를 할 수 있게 됩니다. 오히려 실제로 보고 확인하며 그릴 때보다 쉽고 빠르게 그림을 완성할 때도 많습니다.

다른 드로잉은 보기 그림을 보고 따라 그리며 연습을 해야 하지만 블라인드 컨투어 드로잉의 보기 그림만큼은 따라 그릴 이유가 없습니다. 자신만의 스트로크로 자신 있게 그려 보세요.

다양한 소재를 대상으로
한 선 이어 그리기를 시도해 보세요.
자신의 스트로크가 너무 약하다고 느껴지면
연필 대신 필압이 일정한 펜을 사용할 것을
권합니다. 드로잉 중간에 그림의 진행 상태를
점검하여 선이 출발하는 지점을 조정하면
형태가 훨씬 안정된 블라인드 컨투어
드로잉을 할 수 있습니다. 이 방식을
'세미 블라인드 컨투어 드로잉'
이라고 부릅니다.

충분한 연습을 마치고 나면 블라인드 컨투어 드로잉은 물론 컨투어 드로잉도 자신 있게 할 수 있습니다. 연습 과정에서 익힌 스트로크 감각을 그대로 살려서 윤곽선 스케치를 해 보세요. 여전히 선긋기가 망설여진다면 아직 준비가 되지 않았다는 의미이므로 좀 더 열심히 블라인드 컨투어 드로잉을 연습하기 바랍니다.

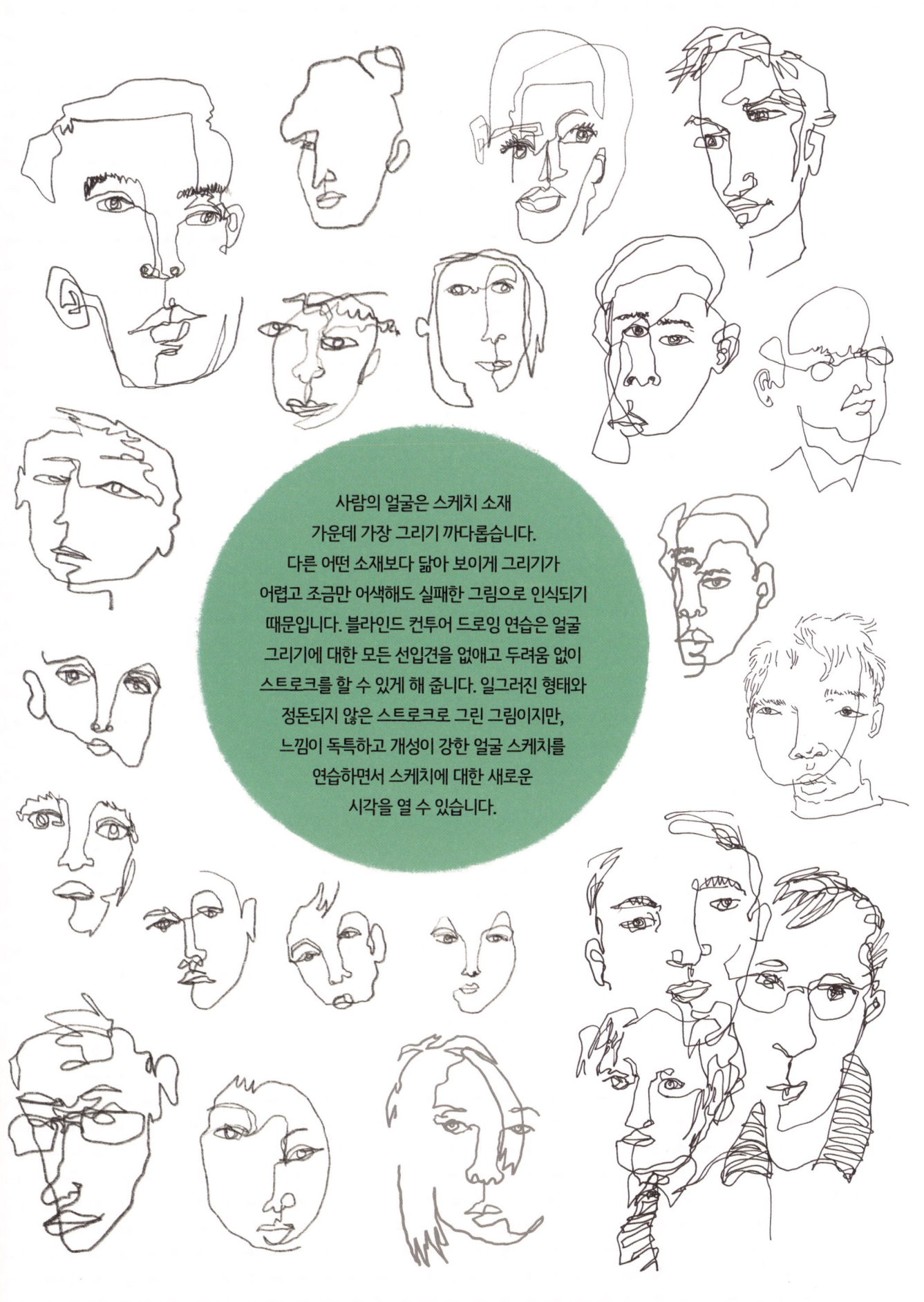

사람의 얼굴은 스케치 소재 가운데 가장 그리기 까다롭습니다. 다른 어떤 소재보다 닮아 보이게 그리기가 어렵고 조금만 어색해도 실패한 그림으로 인식되기 때문입니다. 블라인드 컨투어 드로잉 연습은 얼굴 그리기에 대한 모든 선입견을 없애고 두려움 없이 스트로크를 할 수 있게 해 줍니다. 일그러진 형태와 정돈되지 않은 스트로크로 그린 그림이지만, 느낌이 독특하고 개성이 강한 얼굴 스케치를 연습하면서 스케치에 대한 새로운 시각을 열 수 있습니다.

가장 그리기 까다롭지만 모든 사람이 가장 잘 그리고 싶어 하는 얼굴 스케치를 쉽게 익히는 방법을 알려 드립니다. '얼굴' 하면 가장 먼저 눈코입이 떠오르지만, 눈코입을 생략하고 머리카락의 가장자리 윤곽선과 얼굴선만 컨투어 드로잉으로 표현해 보세요. 대상을 잘 관찰하고 가장 특징적인 요소만 간략하게 선으로 그리는 연습을 많이 하면 얼굴 스케치를 아주 쉽게 시작할 수 있습니다. 시작하기 전에 왼쪽의 얼굴 기본형을 10번 이상 그려 보면 얼굴을 둥글게 그리는 습관을 없앨 수 있습니다.

일러스트 느낌의 깔끔한 컨투어 드로잉으로, 눈코입이 포함된 얼굴 스케치를 가장 단순한 형태로 그리는 연습을 해 보세요. 사람들은 얼굴을 그리는 데 있어서 저마다 조금씩 다른 습관을 갖고 있는데, 대표적인 실수는 얼굴의 중심을 코로 인식하는 관념에서 비롯됩니다. 실제로는 눈과 눈 사이가 중심이며 코의 길이는 생각보다 짧습니다. 아래 보기 그림은 간단한 컨투어 드로잉의 순서를 보여 줍니다. 그림의 크기는 아주 작아도 상관없습니다.

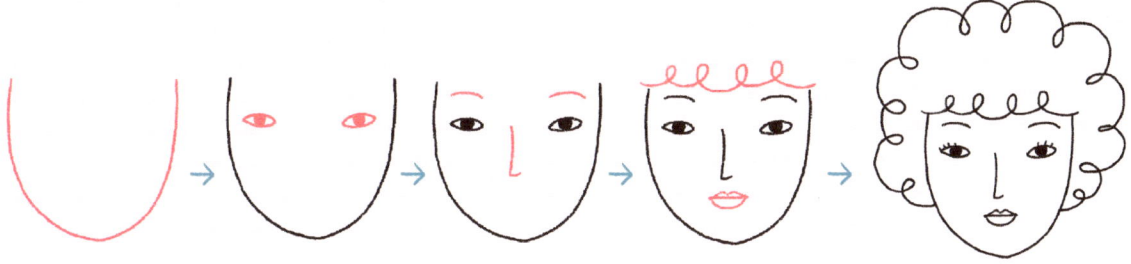

아래 그림은 텔레비전에 나오는 사람들의 얼굴을 1분 동안 스케치한 것입니다.

밑그림 스케치

스케치는 크게 윤곽선 스케치와 밑그림 스케치로 나뉩니다. '밑그림 스케치'란 채색이나 정확한 윤곽선 드로잉을 위해 그리는 바탕 그림이라고 할 수 있으며, 지우개로 지워지는 것을 전제로 하기 때문에 최대한 옅고 부드러운 선으로 그려야 합니다. 또한 컨투어 드로잉과는 다르게 여러 개의 선을 중첩시켜서, 마치 사진 찍을 때 흐릿한 초점을 점차 또렷한 이미지로 맞춰 나가는 과정과 흡사하다고 볼 수 있습니다. 아래 보기 그림은 밑그림 스케치의 대표적인 스트로크입니다. 스케치 연습을 하기 전에 충분한 스트로크 연습이 필요합니다.

타원 스트로크로 강아지 풍선 인형 그리기를 연습하세요.

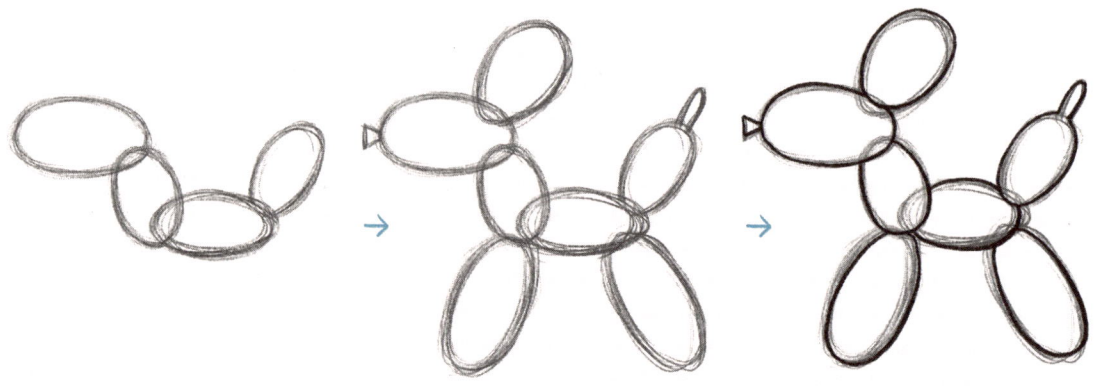

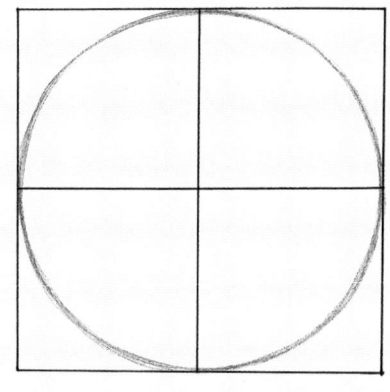

밑그림 스케치를 위해서는 다양한 보조선이 필요한 데 대표적인 보조선은 사각형 틀입니다. 왼쪽 보기 그림은 사각형 틀을 이용하여 동그라미와 타원형을 정확하게 그리는 방법을 보여 줍니다. 사각형 틀 보조선을 그릴 때는 형태가 기울어지지 않도록 주의해야 합니다. 또한 중심을 가르는 수직선과 수평선을 그릴 때도 최대한 반듯하게 그리세요.

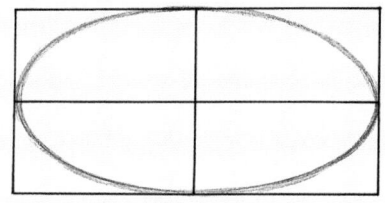

아래 보기 그림을 참고로 사각형 틀 보조선을 사용한 원기둥 스케치를 최소 10번 이상 연습하기 바랍니다. 아래 오른쪽 보기 그림은 눈높이에 따라 변화하는 타원형의 단면을 보여 줍니다. 매우 중요한 예시이므로 충분하게 연습하여 기초를 단단하게 다지기 바랍니다.

밥공기를 소재로 밑그림 스케치를 하는 과정입니다.

❶ 사각형 틀을 그린 다음, 밥공기의 윗부분과 옆 부분을 구분하는 선을 긋고 윗부분에 십자 보조선을 긋습니다.

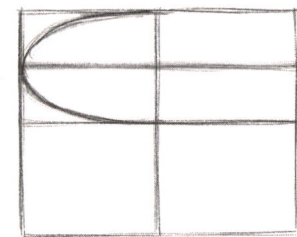

❷ 타원형을 그릴 때는 왼쪽을 먼저 그립니다.

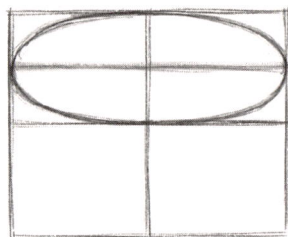

❸ 그 다음 나머지 오른쪽을 그리는 것이 좋습니다.

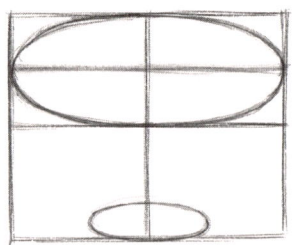

❹ 바닥면의 타원형을 중심선에 맞게 그립니다.

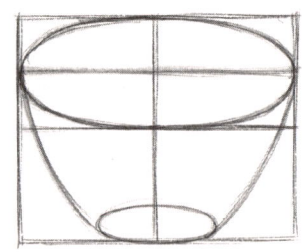

❺ 밥공기의 옆 선을 대칭이 되도록 그립니다.

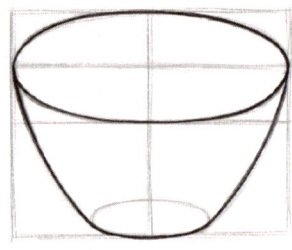

❻ 필요한 선을 진하게 그리고 보조선을 지웁니다.

아래 보기 그림은 매우 표현하기 까다로운 우산의 스케치 과정입니다.

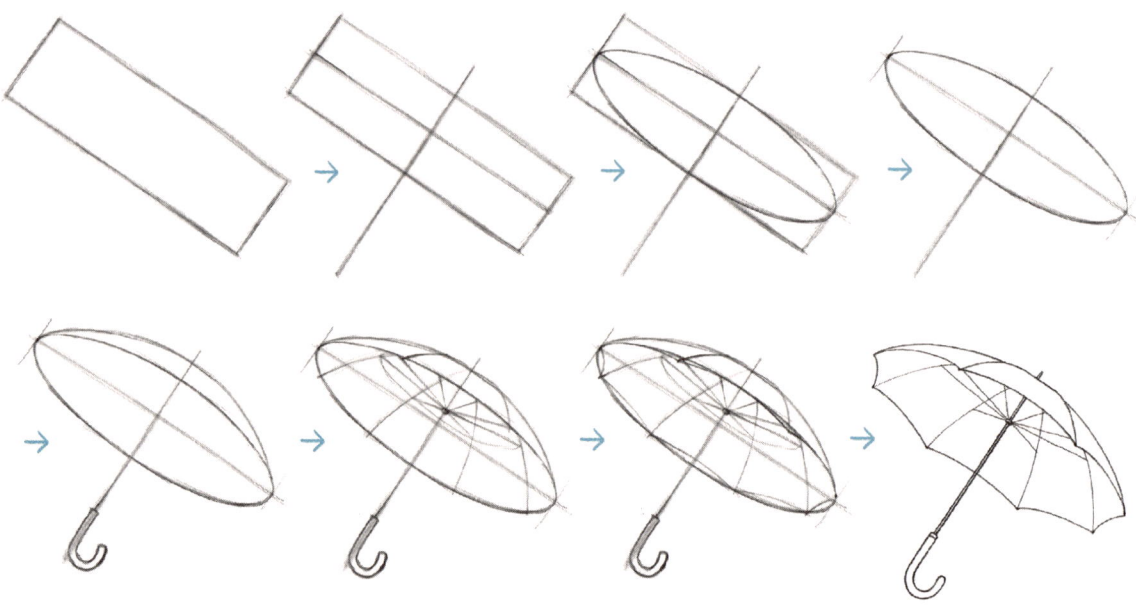

정사각형 틀로 동그라미를 그린 다음 무당벌레를 스케치해 보세요.

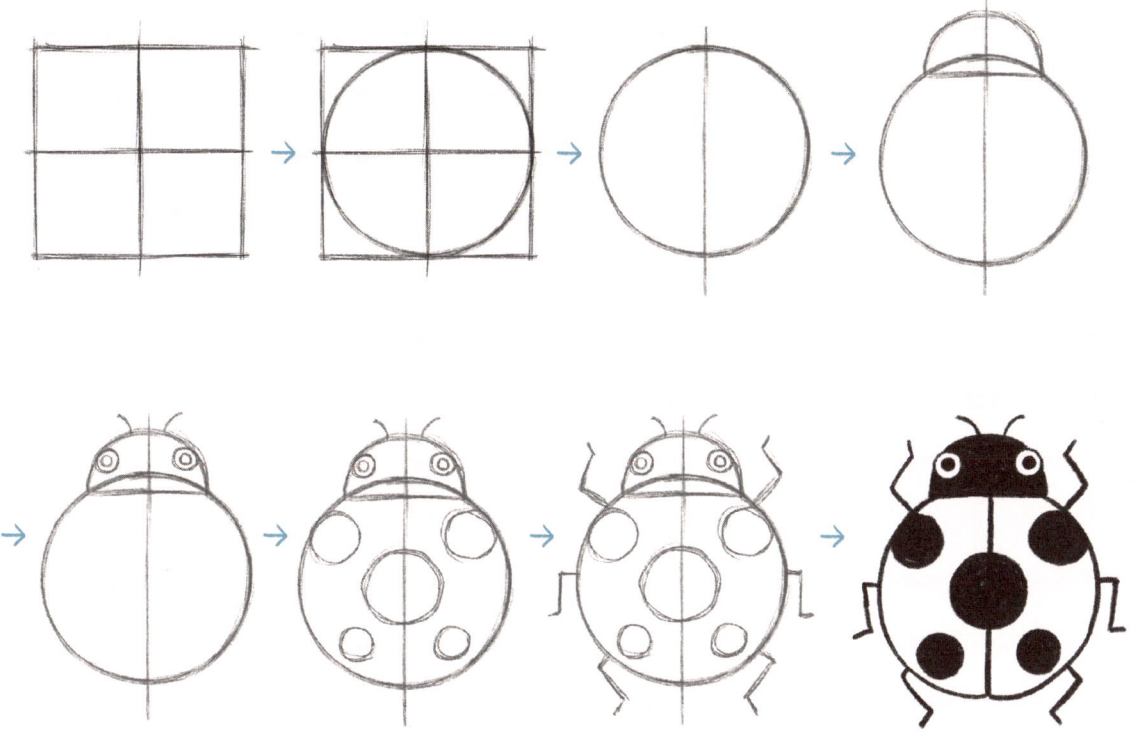

같은 방식으로 금붕어를 그려 보세요.

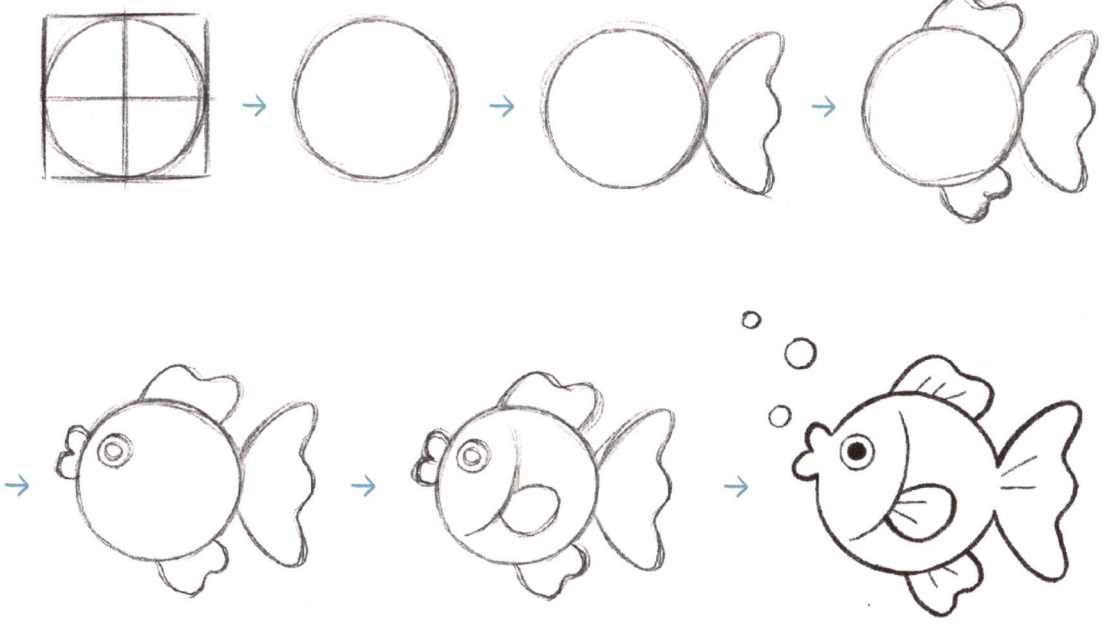

지금부터는 여러 가지 동물을 소재로 밑그림 스케치를 연습해 보겠습니다.
가장 먼저 세 개의 타원으로 고양이를 그려 보세요.

① 세 개의 타원을 겹쳐서 그립니다.

② 귀와 주둥이 부분, 꼬리, 앞다리의 보조선을 그립니다.

③ 윤곽선을 그립니다.

④ 보조선을 깨끗하게 지웁니다.

두 개의 동그라미로 시작해서 비글을 그려 보세요.

돼지의 윤곽선 스케치입니다. 몸통을 납작한 타원으로, 머리는 동그라미로 시작해 그려 보세요. 보기 그림은 진한 연필 선이나 펜 선으로 마무리하고 있지만, 채색을 위한 밑그림 스케치는 훨씬 엷고 가는 선으로 마무리합니다. 특히 수채화를 위한 밑그림 스케치일 경우에는 H나 2H 연필을 사용하는 것이 좋습니다.

하마를 그려 보세요.

몸통을 작게 그릴수록 어린 하마가 됩니다.

코뿔소를 그려 보세요.

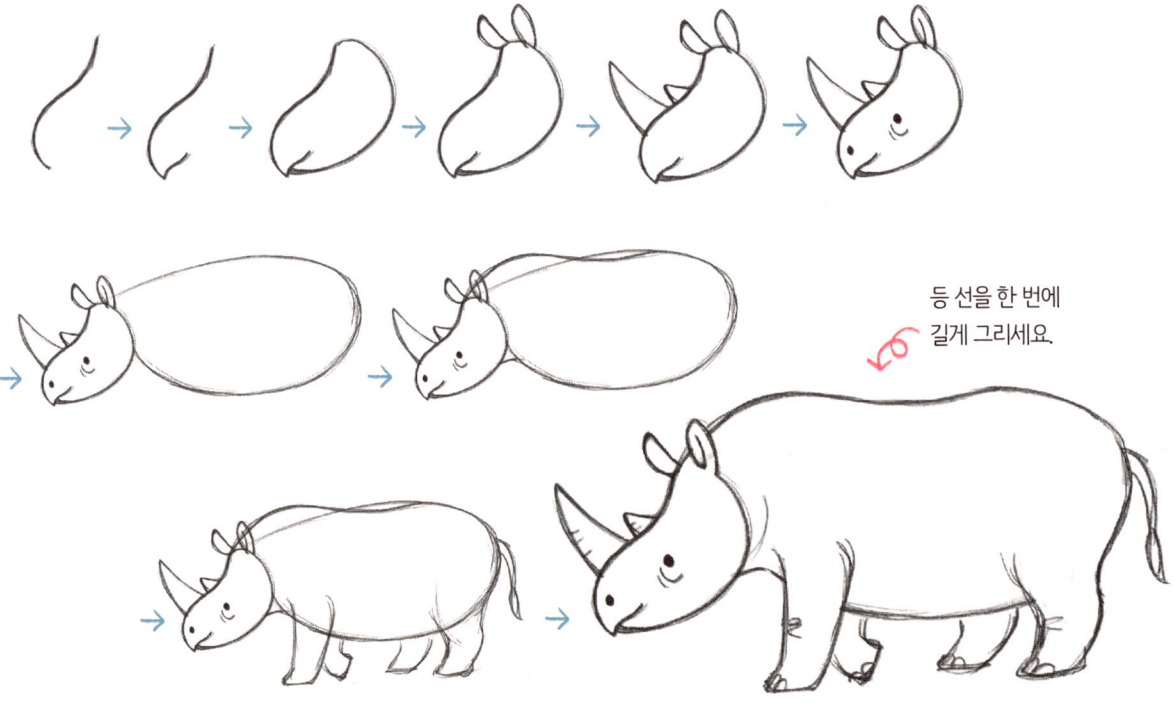

등 선을 한 번에 길게 그리세요.

너구리를 그려 보세요.

원숭이를 그려 보세요.

얼굴의 각도를
다르게 바꿔 보세요.

코알라를 그려 보세요.

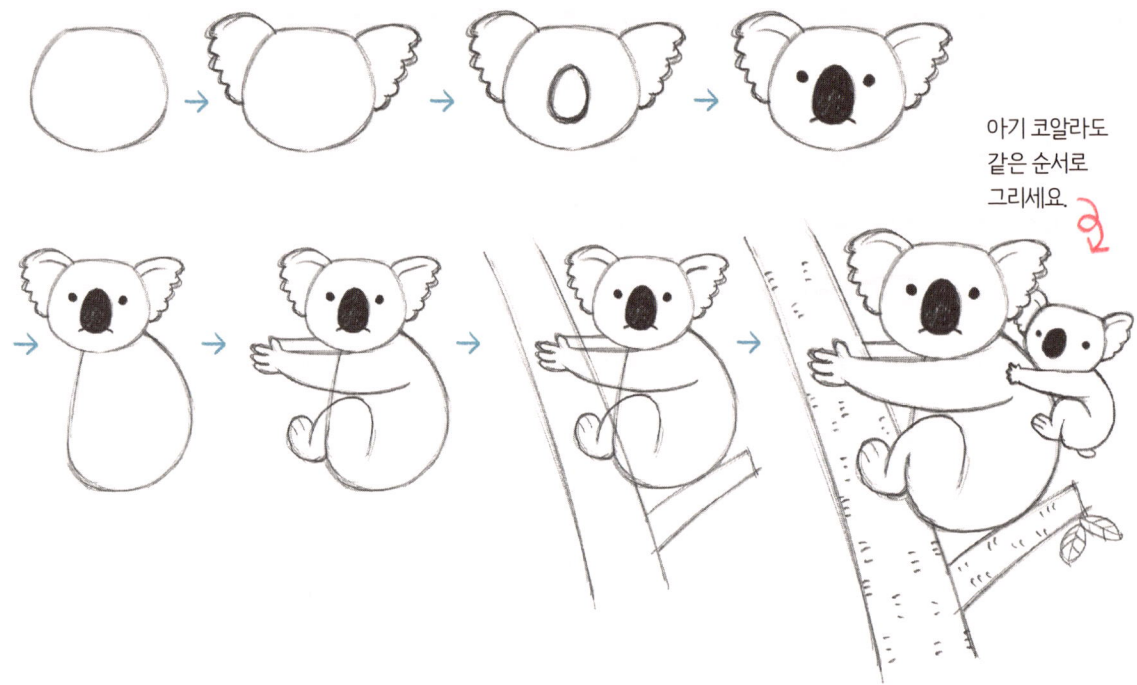

아기 코알라도 같은 순서로 그리세요.

캥거루를 그려 보세요.

다람쥐를 그려 보세요.

북극곰을 그려 보세요.

머리를 위 보기 그림의 다람쥐 머리 그림처럼 바꾸면 북극곰이 앞을 바라본 모습으로 그릴 수 있습니다.

여우를 그려 보세요.

족제비를 그려 보세요.

사자를 그려 보세요.

독수리를 그려 보세요.

사진이나 그림을 카피해 대상을 정확하게 스케치하는 전통적인 스케치 기법을 소개합니다. 대상의 끝 선에 닿도록 사각형 틀 보조선을 그리고 윤곽선이 지나는 지점을 표시하여 그리는 방식입니다. 대상 위에 그렸던 사각형 틀과 똑같은 비례로 종이 위에 사각형 틀 보조선을 긋는 것으로 시작합니다.

❶ 꼭짓점과 꼭짓점을 연결하는 보조선을 긋습니다.

❷ 세부적인 윤곽선을 스케치합니다.

❸ 보조선을 모두 지웁니다.

❹ 윤곽선을 그려 마무리합니다.

사각형 틀을 이용해 또 다른 그림을 그려 보세요.

❶ 대상을 선택합니다.

❷ 여유 있게 사각형 틀을 그립니다.

❸ 그리드 선을 그립니다.

❹ 종이에 동일한 사각형 틀 보조선을 그리고 그리드 선 위에 가장자리 지점을 표시합니다.

❺ 세 번째 그림을 보면서 세부적인 지점을 표시합니다.

❻ 표시 지점을 연결한 대강의 윤곽선을 스케치합니다.

❼ 가장자리 윤곽선을 완성합니다.

❽ 안쪽 윤곽선을 스케치합니다.

사각형 틀을 생략하고 대상의 전체적인 형태에서 세부 형태로 진행하는 펜 스케치를 연습합니다. 이 방식은 가장 일반적인 형태 스케치로, 초보자가 사각형 틀 스케치와 컨투어 드로잉을 어느 정도 익히면 쉽게 할 수 있습니다.

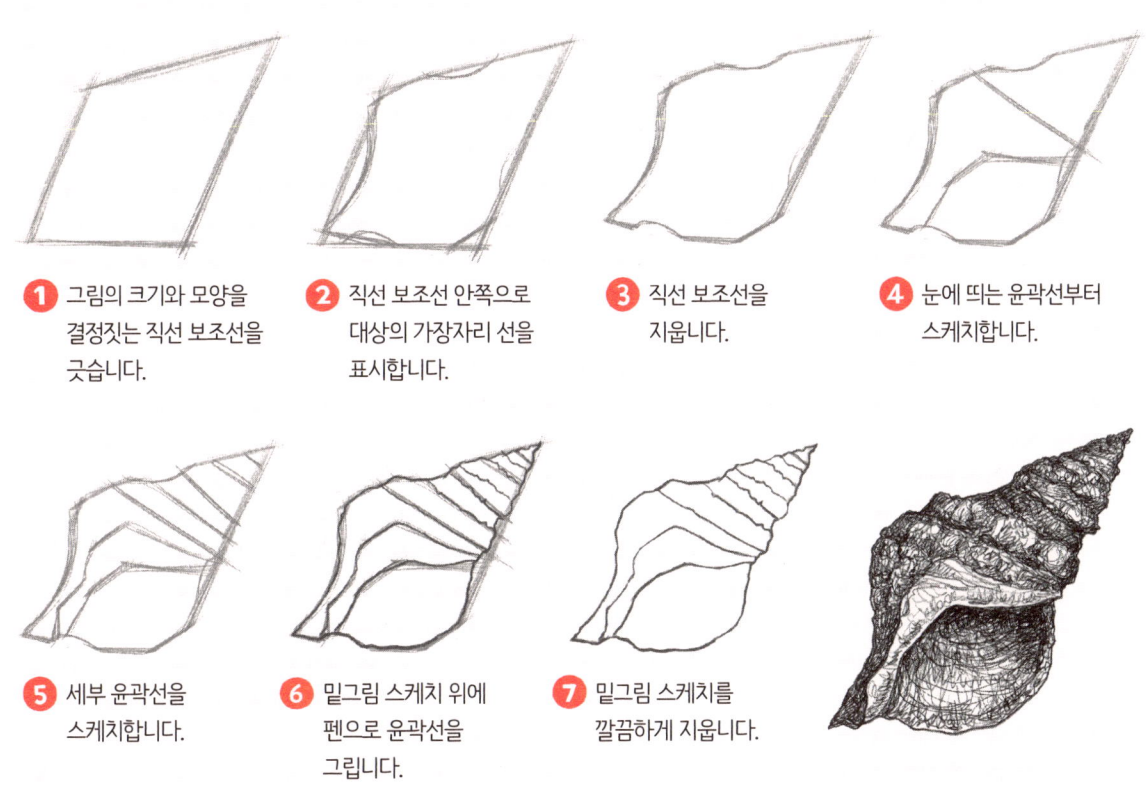

① 그림의 크기와 모양을 결정짓는 직선 보조선을 긋습니다.
② 직선 보조선 안쪽으로 대상의 가장자리 선을 표시합니다.
③ 직선 보조선을 지웁니다.
④ 눈에 띄는 윤곽선부터 스케치합니다.
⑤ 세부 윤곽선을 스케치합니다.
⑥ 밑그림 스케치 위에 펜으로 윤곽선을 그립니다.
⑦ 밑그림 스케치를 깔끔하게 지웁니다.

아래 보기 그림은 운동화의 밑그림 스케치 과정입니다.

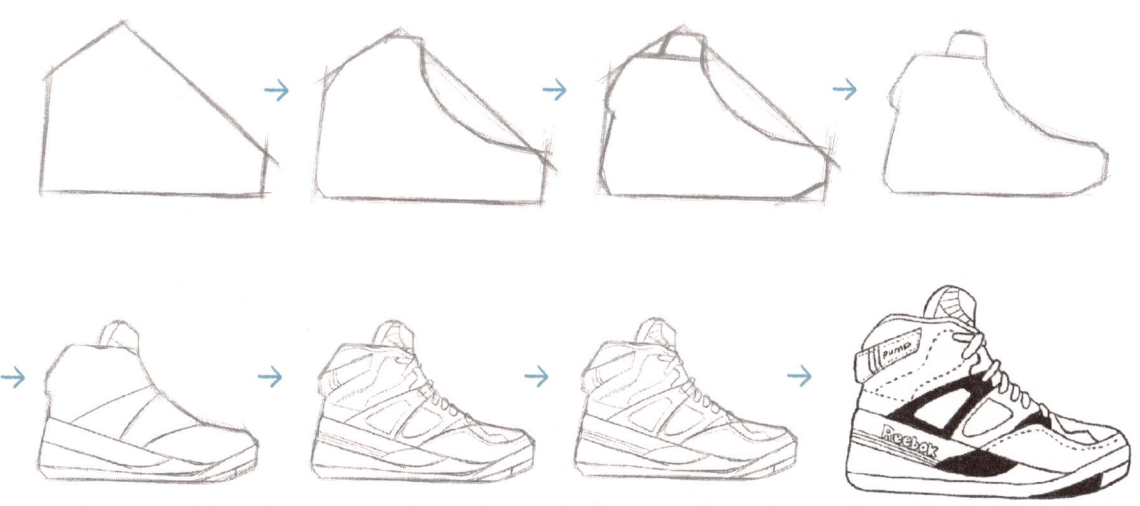

형태 표현의 '형식'은 무척 다양합니다. 블라인드 컨투어 드로잉처럼 정확하지는 않지만 선의 느낌을 중시하는 선 스케치Line Sketch부터 여러 가지 보조선을 사용하여 정확성을 꾀하는 형태 스케치도 있습니다. 어떤 방식이든지 자신에게 잘 맞는 방식을 선택하여 집중적으로 연습하면 자신만의 스케치 스타일로 굳어집니다. 형태 스케치는 그 자체만으로도 완성도 높은 작품이지만 지금부터 연습할 명암 스케치의 밑그림이기도 합니다.

Chapter 3
명암 스케치

명암 스케치는 빛과 그림자를 표현하는 스케치입니다.
조금 더 정확하게 표현하면 빛에 의해 대상의 표면에
생기는 그늘을 그려 넣어 대상의 입체감을 나타내는
것입니다. 정확하게 보고 정확하게 표현하는 것은
형태 표현의 기초이자 명암 표현의 기초이기도 합니다.
일반적인 스케치는 명암을 세밀하게 표현하기보다는
간략하고 러프한 명암 표현 위주로 이루어지며,
이를 효과적으로 표현하기 위해서는 컨투어 드로잉과
마찬가지로 몇 가지 명암 스트로크를 익히는
별도의 연습이 필요합니다.

명암 스트로크 연습

1 윤곽선 위주의 간략한 명암 스케치
2 크로키 형식의 러프 스케치
3 스크러빙에 의한 명암 스케치
4 크로스 해칭에 의한 명암 스케치

위의 네 가지 사과 스케치는 대표적인 명암 스케치 방식을 보여 줍니다. 첫 번째, 두 번째를 제외한 세 번째와 네 번째 스케치 방식은 지금까지 연습하지 않은 새로운 스트로크를 사용해야 하기 때문에 별도의 스트로크 연습이 필요합니다. 스크러빙Scrubbing은 의미 그대로 '문지르기'입니다. 주로 스트로크 연습을 해 본 경험이 없는 초보자들의 명암 표현 방식으로 마치 화장할 때 자국이 남지 않게 펴 바르는 듯한 스트로크입니다.

2B나 4B 연필의 앞쪽을 길게 잡거나 눕혀서 부드럽게 문지르는 스크러빙을 연습해 보세요.

1 옅은 톤을 연습합니다. 손가락 힘을 빼고 부드럽게 문지릅니다. 스트로크가 겹쳐질수록 어두워집니다.

2 진한 톤을 연습합니다. 스트로크의 힘이 일정해야 연필 자국이 남지 않고 일관된 톤을 유지할 수 있습니다.

3 그러데이션을 연습합니다. 강한 톤에서 시작하여 점점 힘을 빼면서 옅은 톤으로 진행합니다. 연습을 마치면 반대로 진해지는 스트로크를 연습하세요.

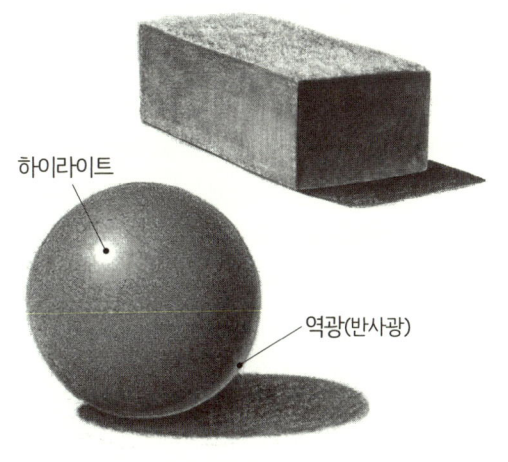

양쪽 페이지의 보기 그림을 보고 그리는 연습만으로도 명암 표현의 거의 모든 기본기를 마스터할 수 있습니다. 육면체와 구 형태는 입체물의 기본 형태이며 명암의 변화를 가장 잘 이해할 수 있기 때문입니다. 왼쪽 보기 그림의 가장 밝은 부분을 '하이라이트'라고 부르고, 가장 어두운 면과 그림자가 시작되는 지점의 사이에 약간 밝은 부분을 '역광' 또는 '반사광'이라 합니다. 명암 표현의 중요한 요소입니다.

아래 보기 그림은 와인 잔의 명암 스케치 과정입니다.

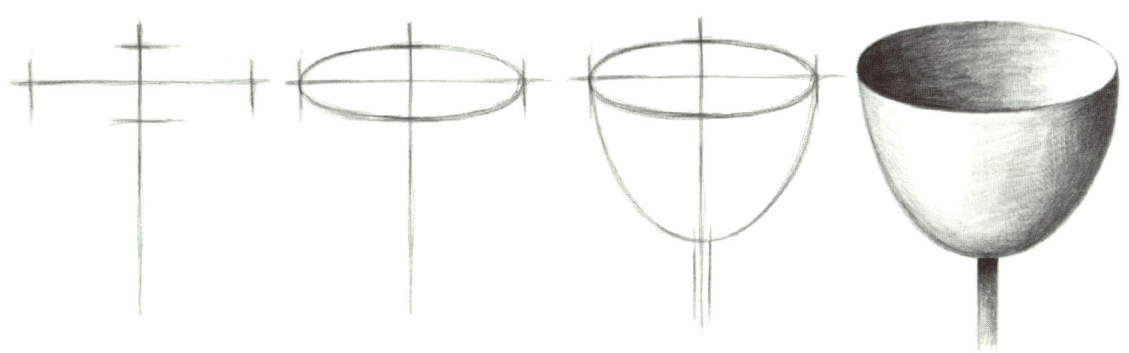

① 중심선을 긋고 사각형 틀 보조선을 그립니다.
② 사각형 틀 보조선 안에 타원형을 그립니다.
③ 밑그림 스케치를 완성합니다.
④ 스크러빙으로 부드러운 그러데이션을 표현합니다.

튤립의 명암 스케치 과정입니다.

① 위의 와인 잔과 동일한 밑그림 스케치입니다.
② 꽃잎을 스케치합니다.
③ 보조선을 지웁니다.
④ 튤립의 명암을 표현합니다. 기본 원리는 위 보기 그림과 같습니다.

포도알의 명암 스케치입니다. 빛이 살짝 통과하는 구 형태는 매우 재미있는 명암의 변화를 보여 줍니다. 하이라이트 부분의 가장자리가 가장 어둡고 역광은 선명해지며 오히려 그림자 중심 부분이 밝게 보입니다.

배경과 함께 구 형태의 명암 스케치를 연습하세요.

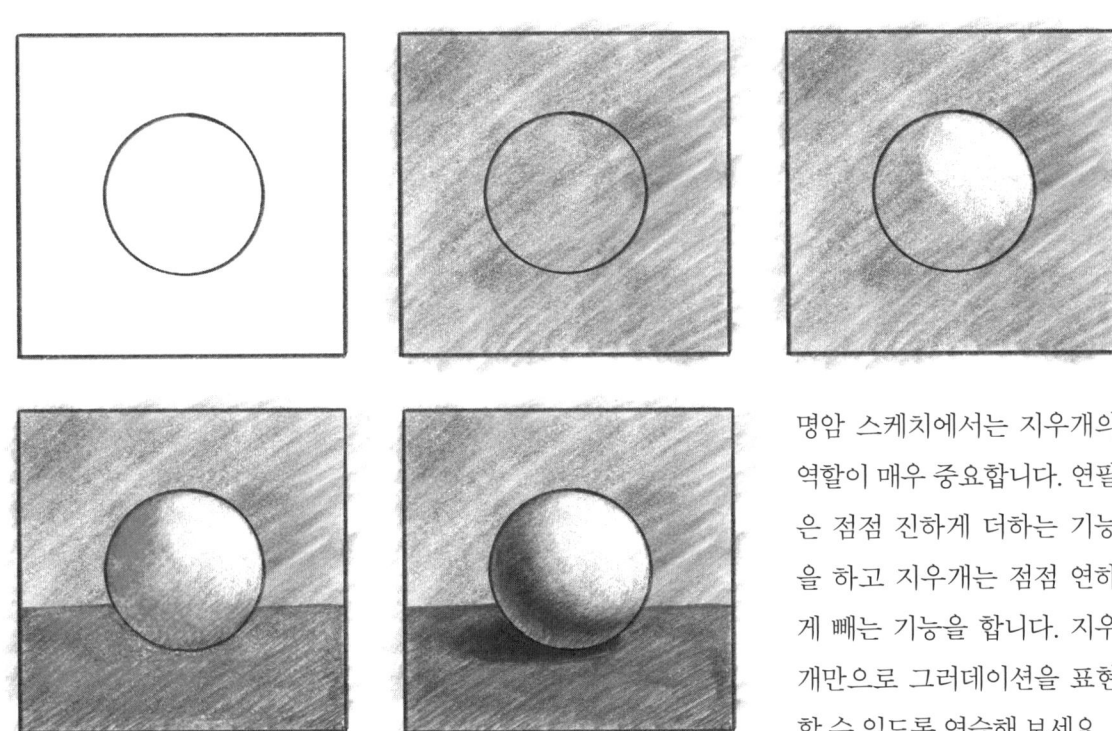

명암 스케치에서는 지우개의 역할이 매우 중요합니다. 연필은 점점 진하게 더하는 기능을 하고 지우개는 점점 연하게 빼는 기능을 합니다. 지우개만으로 그러데이션을 표현할 수 있도록 연습해 보세요.

지우개와 연필을 사용해 그러데이션을 연습하세요.

장미꽃을 그려 보세요. 이번 스케치에서는 아주 세밀한 부분까지 명암 표현을 해 봅시다. 밑그림 스케치를 마친 다음 그리는 아래의 여덟 번째 단계를 '밑칠'이라고 하는데, 본격적인 명암 표현에 앞서 기본 톤을 살짝 깔아 주는 작업입니다. 보기 그림의 실제 크기는 A4 용지에 꽉 차는 크기이며, 정밀한 표현이 요구될수록 크게 그리는 것이 좋습니다. 세밀한 부분의 스크러빙은 종이를 감아 만든 찰필을 이용하면 편리합니다.

해칭 스트로크를 연습하세요.

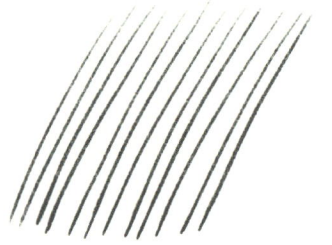
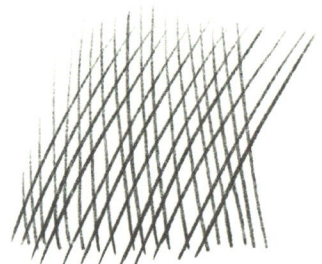
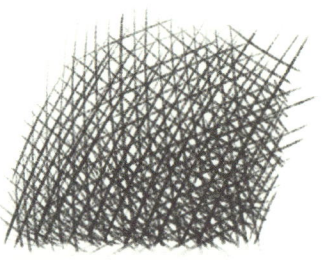

① **해칭** Hatching
한쪽 방향으로 나란하게 긋는 스트로크입니다.

② **크로스 해칭** Cross Hatching
해칭을 엇갈리게 겹쳐 긋는 스트로크입니다.

③ 크로스 해칭의 강도와 촘촘함으로 명암의 단계를 나타냅니다.

해칭 스트로크를 자연스럽게 하기 위해서는 손목의 부드러운 놀림이 중요합니다. 가장 편한 스트로크의 각도는 대각선 방향이며, 충분히 연습하면 선의 강약을 조절하면서 자연스러운 그러데이션이 가능해집니다.

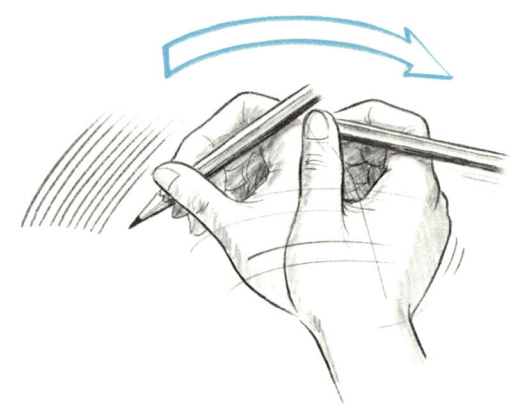

구 형태의 크로스 해칭 스트로크를 연습하세요.
지름 5cm 정도의 동그라미를 그린 다음, 스트로크 방향을 잘 보면서 꼼꼼하게 그려 보세요.

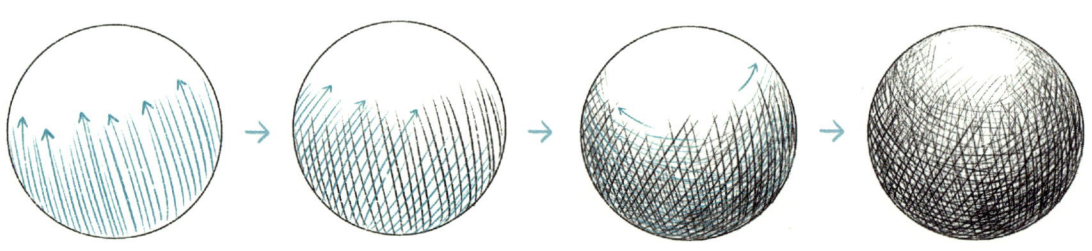

폭 3cm 정도의 길쭉한 직사각형을 그리고 크로스 해칭 스트로크로 그러데이션 표현을 연습하세요.

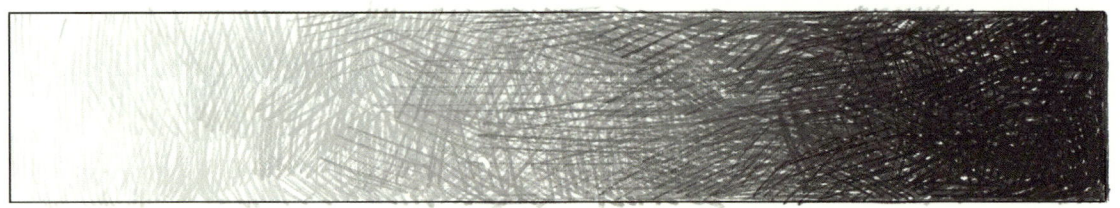

해칭 스트로크를 사용하여 바나나를 그려 보세요. 해칭은 일정한 필압이 유지되어야 하고 스트로크의 방향에 주의해야 합니다. 잘 보고 연습하기 바랍니다.

① 밑그림 스케치를 완성합니다.

② 가장 어두운 면을 찾아 1차 해칭을 합니다.

③ 1차 해칭 부분을 포함해 2차 해칭을 합니다.

④ 3차 해칭은 굴곡 부분을 표현합니다.

⑤ 그림자 부분을 표현합니다.

⑥ 가장 진한 톤으로 마무리합니다.

해칭 스트로크로 소라 껍데기를 그려 보세요.

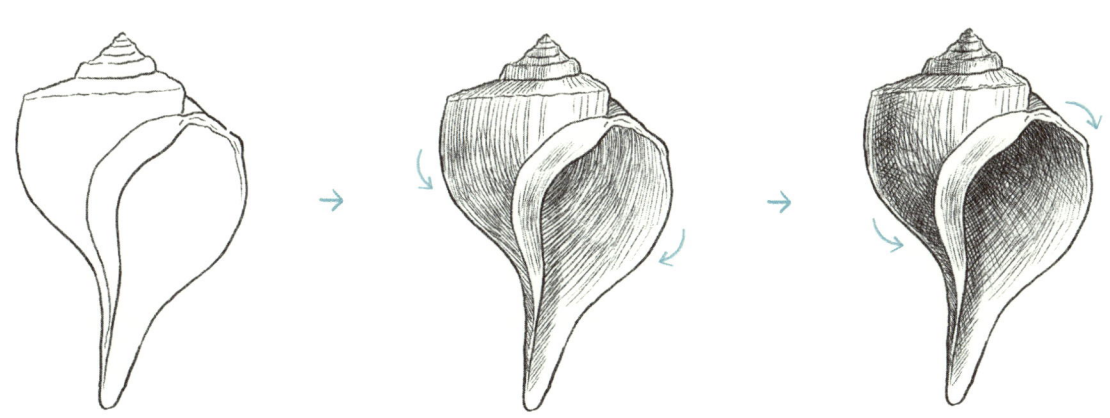

미술 학원에 가면 가장 먼저 배우는 것이 바로 해칭 스트로크입니다. 해칭 스트로크는 스케치의 손맛을 느끼게 해 주는 핵심 기법으로, 얼마나 해칭을 자연스럽게 표현하느냐에 따라 스케치의 수준이 결정되기도 합니다.

작은 그림이라도 시간이 날 때마다 조금씩 연습하기 바랍니다. 효율적으로 연습하려면 샤프펜슬이나 심이 가는 펜을 사용하는 것이 좋습니다. 물론 큰 그림을 그릴 경우에는 2B~4B 연필을 사용합니다.

정오각형으로 이루어진 십이면체를 스케치해 보세요.

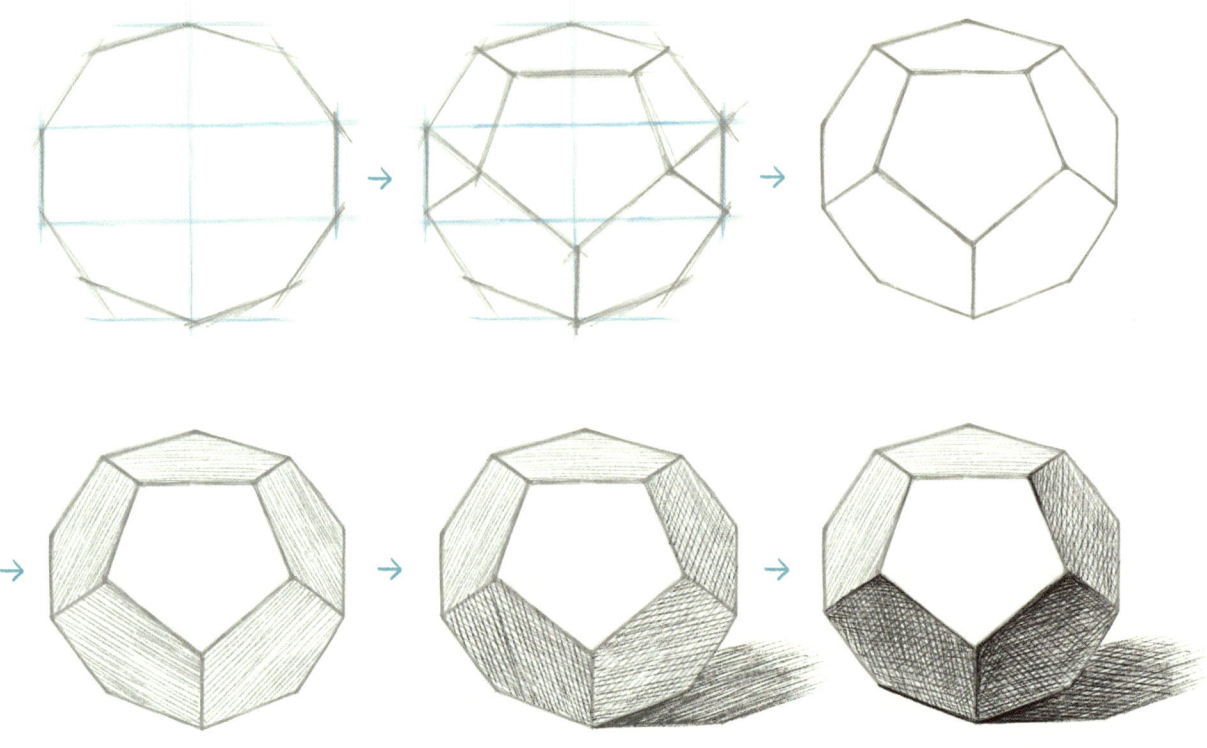

해칭 스트로크로 동물 스케치를 연습해 보세요.

해칭은 단순한 명암 표현을 넘어서 대상의 질감이나 입체감을 효과적으로 나타낼 수 있어야 합니다. 동물 스케치의 경우에는 해칭의 방향을 깃털이나 털이 나 있는 방향과 일치시키는 것이 중요합니다. 또한 해칭을 하면서 동시에 세부 묘사가 이루어지므로 마무리 단계로 갈수록 해칭과 스크러빙의 구분이 사라지게 됩니다. 명암 스케치를 오래 하다 보면 해칭과 스크러빙이 적당히 섞인 자신만의 스트로크를 갖게 됩니다.

아래 보기 그림은 종이봉투를 소재로 네 가지 스타일의 스케치를 보여 줍니다.

❶ 선을 이용한 컨투어 스케치

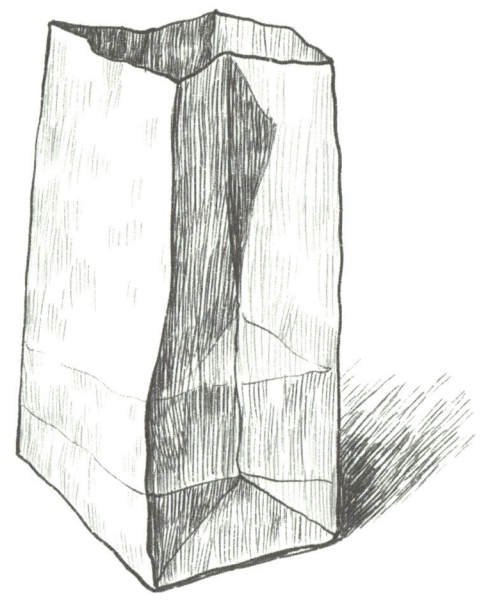

❷ 위에서 아래로 짧게 내리긋는 해칭 스케치

❸ 스크러빙 스케치

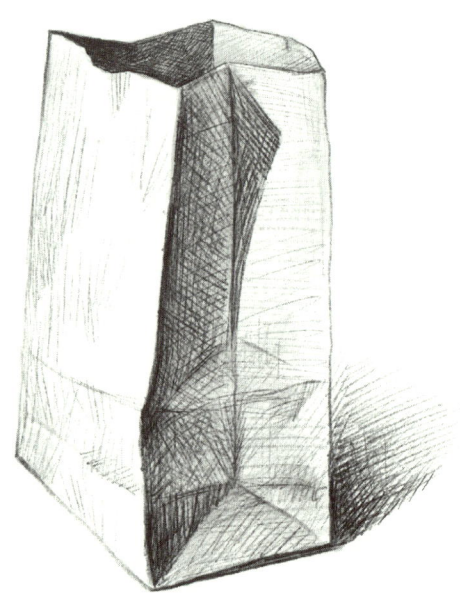

❹ 크로스 해칭 스케치

가로수 한 그루를 소재로 네 가지의 명암 스케치를 연습해 보겠습니다. 아래 그림들은 모두 왼쪽의 밑그림 스케치를 바탕으로 기본 밑칠을 한 다음, 어둡게 보이는 부분을 찾아 그러데이션을 표현했다는 점에서 과정은 동일합니다.

크로스 해칭 스트로크 스케치

스크러빙 스케치

내추럴 스트로크 스케치

수직으로 짧게
내리긋는
해칭 스케치

스케치의 마지막은 컬러 스케치입니다. 색깔 표현을 위한 화구는 다양하지만 가장 사용하기 편한 색연필을 사용하여 짧은 해칭 스트로크로 컬러링을 연습해 보겠습니다. 색연필 컬러링에 대한 자세한 내용은 《김충원 색연필 수업》을 참고하기 바랍니다. 여러분에게 선명한 이미지를 전달하기 위해 보기 그림 중 일부는 디지털 드로잉으로 그렸습니다.

노르위전 포리스트를 그려 보세요.

보더 콜리를 그려 보세요.

세 종류의 개를 그려 보세요.

75

색연필을 사용하여 밑그림 스케치를 하면 채색할 때 밑그림 선이 자연스럽게 묻혀서 지우개를 사용할 필요가 없습니다. 일러스트 느낌의 깔끔한 그림을 연습하세요. 최대한 가늘고 엷게 스케치해야 합니다.

부드럽고 세밀한 스트로크로 주전자를 스케치해 보세요.

정확하게 스케치하는 능력은 매우 느리게 성장합니다

잘 그리려는 욕심이 많고, 성격이 급한 사람은 쉽게 소질을 탓하면서 그림 그리기를 포기해 버립니다. 스케치를 연습할 때는 좀 더 잘 그리는 기술을 연마한다는 생각보다 혼자 조용히 즐기는 놀이나 사색의 시간을 갖는다고 생각해야 합니다. 재미있는 게임을 하듯 도전을 즐기다 보면 저절로 기량이 향상되고 자연스럽게 내공이 쌓입니다. 잘 설계된 게임을 할 때 자괴감과 성취감이 교차하듯 스케치를 할 때도 한 번의 뿌듯한 성취감을 위해 열 번의 쓰라린 자괴감을 극복해야, 비로소 스케치의 진정한 즐거움을 알 수 있습니다. 더불어 그 과정을 거쳐야 미술에 대한 안목이 생기고 손과 눈의 감각도 예민해집니다. 스스로 성장하는 과정을 바로바로 느낄 수는 없지만, 실수와 실패를 거듭하고 슬럼프에 빠지는 경험이 많아질수록 조금씩 두려움이 사라지고 내공이 깊어지는 것은 분명합니다.

또한 그림은 역설적이게도 정확하게 그릴수록, 사진처럼 똑같이 그릴수록 점점 재미없는 그림이 된다는 사실을 기억해야 합니다. 엉성하고 비뚤어진 선이라도 자신감을 갖고 그린다면 얼마든지 좋은 그림을 그릴 수 있으며, 손그림의 특별한 매력을 느낄 수 있습니다. 스케치는 모든 드로잉 가운데 가장 자유로운 그림이고 얼마든지 실수가 용납되는 놀이입니다. 마음에 안 들면 언제든 지우개로 지우고 다시 그리면 됩니다.

이 책을 통해 스케치의 재미를 조금이라도 느꼈다면 이제부터는 새로운 목표를 세워 포기하지 않고 꾸준하게, 평생을 함께 하는 자신만의 스케치 세상을 열어 가기 바랍니다. 함께 해 준 여러분에게 감사드립니다.

김충원

1쇄 – 2020년 12월 17일
3쇄 – 2022년 5월 20일
지은이 – 김충원
발행인 – 허진
발행처 – 진선출판사(주)
편집 – 김경미, 최윤선, 최지혜
디자인 – 고은정, 김은희
총무·마케팅 – 유재수, 나미영, 허인화
주소 – 서울시 종로구 삼일대로 457 (경운동 88번지) 수운회관 15층
   전화 (02)720-5990   팩스 (02)739-2129
   홈페이지 www.jinsun.co.kr
등록 – 1975년 9월 3일 10-92

＊책값은 뒤표지에 있습니다. ⓒ 김충원, 2020

ISBN 979-11-90779-20-3 (14650)
ISBN 979-11-90779-11-1 (세트)

진선 아트북은 진선출판사의 예술책 브랜드입니다.
창작의 기쁨이 가득한 책으로 여러분에게 미적 감성을 선물하겠습니다.